등잔

잔

밑 행

복

일러두기

저자 고유의 느낌을 살리기 위해
표기와 맞춤법은 저자의 방식을 따릅니다.

유음북스

당신의 하루 안에 존재하는
행복을 발견할 수 있기를

프롤로그

날마다 그 누구도 닿아본 적 없는 새 하루를 살아가느라 고단하지는 않은가. 과거를 소화하면서, 알 수 없는 미래를 준비하면서, 현재를 살아가려니 그냥 살아내는 것도 참 쉽지 않다.

속히 내일이 오기를 바라던 우리는 한 치 앞도 알 수 없는 세상을 겪고 자라면서 새로움이 우리에게 설렘과 기쁨만을 안겨주지는 않는다는 것을 알아버렸다. 일상을 살아가는 중 우리 앞에 던져지는 문제들은 작든지 크든지 늘 어렵기만 했으니까. 갈수록 쉽게 지치고, 행복을 보는 눈이 가려지는 것을 느낀다.

그렇게 행복에는 서투르고 불행에는 능숙하기 쉬운 '우리'를 위한 글을 쓰고 싶어 집필을 시작했다.

'등잔 밑이 어둡다'라는 말을 좋아한다. '가까이 있는 것을 도리어 알아보지 못하거나 찾지 못한다.' 이런 뜻을 가진 속담이 있을 정도면, 인간이란 얼마나 가까운 곳에 시선을 두지 못하고 살아간다는 것인지. 손에 든 물건을 없어졌다고 찾는 것처럼 우리는 자주 인생의 풍파에 휩쓸려 내 손안에 있는 행복을 보지 못하거나 발밑에 지르밟은 채 살아간다.

생각해 보면 당연하다. 지금 당장 행복하다고 느끼지 않으면 막연히 행복은 멀리 있는 것이라고 여기게 되니까. 사람은 언제나 이미 가지고 있는 것은 열망하지 않아서, 내게 결핍된 것을 원하고 내가 아직 가지지 못한 저곳에 행복이 있다고 믿기 쉽다. 그래서 정말 열심히도 고군분투하며 내가 생각하는 '행복'을 품고 있을 목표를 위해 쉼 없이 달려가곤

한다.

그러나, 진정한 행복을 누린다는 것은 '지금' 있는 행복을 발견하는 것과 같은 의미라 해도 과언이 아니다. 아직 손에 잡히지 않은 행복을 갈망하며 과거를, 그리고 현재를 불행으로 여기는 것에 능숙해지게 되면 미래에 도착했을 때도, 지금 꿈꾸는 행복은 없을 것이다. 또 내가 가지지 못한 무언가가 행복으로 보이게 될 테다.

그러므로 우리는 내일을 겪어보지 않았어도 짐작할 수 있다. 오늘을 기쁘게 보낼 줄 알아야 내일이 행복할 수 있다는 것을.

'행복이 우리의 시선과 생각에 달려 있다'는 이 희망적인 사실을 담고자, 책의 소주제를 다음과 같이 정했다.

1부 '행복은, 발견하고 모으는 것'에서는 내가 생각하는 행복의 정의와 개인적으로 일상에서 느꼈던 소소한 행복들을 담았다. 아마 이 책을 집은 당신의 행복과 많이 닮아 있을 거라는 생각이 든다. 2부 '과거의 나를 사랑하기'에서는 과거의 일이 행복의 밑거름이 되도록 해석하는 방법을, 3부 '나의 오늘을 사랑하기'에서는 현재의 문제를 이기며 일상의 행복을 찾는 방법을, 4부 '불확실한 미래에 확실한 행복을 두기'에서는 알 수 없는 미래에 나의 노력으로 마련해 둘 수 있는 행복을 다뤘다.

똑같은 사람은 하나도 없지만, 삶이 우리에게 주는 것들은 모습만 다를 뿐 아주 동일한 본질을 갖고 있다. 상황을 둘러싼 포장을 열어보면 사람은 모두 같은 문제로 아파하고, 같은 것에서 행복을 얻는다. 그래서, 나의 이야기에서 당신의 상황을 마주하고, 당신의 문장을 읽을 수 있길 바란다. 그리고 당신의 하루 안에 존재하는 행복을 발견할 수 있는 시간이 되면 좋겠다.

종종 삶의 괴로움에 지쳐 딱 한 발짝을 앞으로 딛기 위해서 누군가가 꼭 내가 듣고 싶은 말을 해주길 절실히 바라게 될 때가 있다. 그럴 때 열어보고 싶은 책이 되길 바라며 마음을 담았다. 어떤 한 문장이라도 당신의 발걸음에 힘을 실을 수 있길, 그렇게 걸어가는 우리가 차차 행복에 능숙해지길 소망한다. 내일이 아닌 오늘, 꼭 행복하자.

                              2025년 봄의 끝, 작업실에서
                                    - 박신아

차례

프롤로그 05

제1부 **행복은, 발견하고 모으는 것**

오늘의 책갈피·17

스위스에 맡겨둔 것·23

향을 수집하는 사람·27

행복은, 민들레처럼·31

낮고 성긴 돌담·34

한강의 풍경·40

버킷리스트·44

손 편지로 오가는 마음·48

어른의 편지, 동화·52

사실 좋아했어·55

겨울은 따뜻하다·59

등잔 밑 행복·63

제2부

과거의 나를 사랑하기

후회는 후회를 낳고·69

터널의 경험이 준 것·74

눈물의 효험·79

마음의 고향·84

미움이 끓어 넘치지 않게·88

시야를 좁히는 성패(成敗)·92

세상은 원래 험하니까·96

불행에는 가속도가 붙는다·100

스스로 가엾게 여기지 말 것·103

열어보면 다 비슷해·108

제3부　　**나의 오늘을 사랑하기**

포근했으면 하는 마음·115

마음의 옷·121

분노에 대하여·127

풍랑이 칠 때면·131

언젠가 그리워하게 될 오늘·135

조언 효용론·139

어린이의 시선으로·143

혼자가 아니었음을·147

그럼에도, 오히려, 그렇지만·151

시름을 잊게 하는 사람·155

'잘' 말하는 것·160

힘을 빼야 힘이 실려·164

존중한다는 건·169

부모의 사랑·172

열렬히 사랑하기·176

어른에게도 꿈은 필요하다·182

혼자 있음과 고독·186

믿어주는 것·190

갑자기 비가 쏟아지더라도·194

빠른 세상, 느린 예술·198

제4부 불확실한 미래에 확실한 행복을 두기

훗날의 약속 · 207

계절을 만끽하기 · 213

행복 침체기 · 217

지란지교(芝蘭之交) · 222

행위의 목적 · 227

기꺼이 도전하는 용기 · 233

노마지도(老馬知途) · 237

결혼이란 · 242

숫자의 굴레 · 246

다양한 빛깔의 삶 · 250

에필로그 · 257

제1부

행복은, 발견하고 모으는 것

오늘의 책갈피

 학원의 오전은 한가롭다. 아이들이 몰리기 시작하는 두 시. 그때를 기다리며 수업 준비를 하는데, 벌컥, 문이 열리는 소리가 들렸다.

 중문을 힘차게 열고 배시시 웃으며 인사한 아이는 자리로 오기도 전에 급하게 주저앉더니, 가방에서 해진 공책을 꺼냈다. 그리고 진지한 표정으로 조심스럽게 공책을 열었다. 가까이 가서 보니 그 안에는 예쁘게 코팅된 단풍잎이 여러 개 들어 있었다. 아이는 벌떡 일어나 단풍잎을 내밀었다.

 "쌤, 이거 선물이에요! 책갈피요."

 얼핏 보아도 가장 예쁜 단풍만 골라서 직접 만들어

온 과정이 눈에 선하기에 가슴이 조금 찡했다. 아이들은 가끔 생각지도 못한 말과 행동으로 어른의 굳은 마음을 녹일 때가 있다.

"정말 예쁘다, 고마워. 직접 만든 거야?"

연신 감탄하는 나의 반응을 본 아이는 엄마 아빠랑 공원에 갔는데 바람이 부는 순간 단풍이 정말 예쁘게 휘날리며 떨어졌다고, 사진을 못 찍어 아쉬운 마음에 단풍잎을 주워 만들었다고 그날의 풍경을 떠올리며 신나게 말했다. "사진보다 훨씬 더 멋지다"고 칭찬하는 나의 말에 흘러나온 아이의 미소는 지금도 그 책갈피를 볼 때마다 떠오른다.

이미 며칠이나 지난 일이었지만, 그날 아이의 하루는 단풍에 관한 추억이 주는 기쁨으로 가득 차 있었다. 나뿐만 아니라 만나는 친구에게도, 다른 선생님에게도. 정말 예뻤다면서 초롱초롱한 눈으로 이야기보따리를 풀었다.

추억을 꺼내 매만지는 사람의 모습은 언제나 아름답

다. 눈빛이 변해서일까. 그날 아이의 눈동자에는 이름 모를 공원에서 맞이한 그때의 가을이 담겨 있었다.

문득 아이가 다른 것도 아닌 '책갈피'를 만들었다는 사실이 인상 깊게 다가왔다(물론 아이는 단풍잎을 선물할 수 있는 가장 좋은 방식을 택했을 뿐이었겠지만). 나는 책을 읽으면 마음에 드는 곳마다 작은 종이를 끼워두거나 접어두고는, 다 읽은 후에 몇 번이고 그 부분을 다시 본다. 처음 그 문장을 만났을 때의 감정을 느끼기 위해. 가끔 내 것이 아니어서 표시를 남기지 못하고 읽었던 책들은 아무리 좋은 책이었어도 문장은커녕 내용까지 기억에서 잊히기 일쑤였다.

생각해 보면, 책뿐 아니라 일상도 그렇지 않은가. 늘 비슷한 하루인 것 같지만 그날을 '그날'로 기억하게 하는 특별한 한순간은 있다. 우리가 그냥 지나쳐서 흐릿해졌을 뿐. 그렇게 어떤 순간도 붙잡지 못한 하루는 기억에서 빠르게 잊힌다.

아이가 포착한 것이 바로 그런 순간이었다. 몇 초의 분량밖에 안 되는 순식간에 벌어진 일이었는데, 찰나 느껴졌던 행복을 잡아 며칠이 넘도록 간직한 것이다.

울긋불긋한 세상 속에서 바람을 타고 내려와 땅을 물들이는 낙엽들을 봤을 때의 그 환희. 색옷 입은 땅의 아름다움을 간직한 단풍잎. 그중 가장 예쁜 것만을 집어 아끼는 공책 사이에 끼워 말린 후 완성한 '책갈피'에는 아이의 추억과 마음이 묻어 따뜻한 가을 냄새가 났다.

오늘을 담아낸 물건을 만듦으로써, 아이는 완벽하게 그날 그 순간에 책갈피를 끼워둔 것이다.

물론 슬프게도, 어른은 단풍이 날리는 것 정도로 충만한 행복을 느끼기 어렵다. 유수 같은 세월은 감정의 눈금을 깎아버리니까. 감수성이 풍부한 아이들을 보고 있으면, 나이가 들수록 느낄 수 있는 감정의 폭이 좁아진다는 사실이 확 와닿는다. 점점 신기해할 것도 없어지고, 탄성이 나올 만큼 무언가가 아름답다고 느낄 일도 사라진다.

경험이 주는 앎에는 그런 슬픈 부작용이 있다. 당장 눈앞에 있는 좋은 것들을 놓치기 쉬워진다는 것.

그러나 우린 또한 알고 있다. 고단함에 치여 느끼지 못하고 지나갈 뿐 아름다운 것들이 항상 일상 속에 있다는 사실을. 그러니 비슷한 하루에 은은히 녹아 있는 특별한 색을 만끽하려면 더욱 아이처럼 맘껏 순간을 즐기고 느껴보려는 노력이 필요하지 않을까. 책을 읽다 발견한 마음에 드는 문장에 책갈피를 끼워두는 것처럼.

똑같아 보이지만 사실 우리가 매일 지나다니는 길도 시간마다, 요일마다 다른 분위기를 담고 있다. 급한 마음은 큰 한숨과 함께 뱉어 버리고 천천히 걸어보자. 휴대전화에만 두었던 시선을 내가 서 있는 장소의 풍경으로 옮기고 여유롭게 거닐다 보면 그날의 나에게 유독 와닿는 작은 아름다움을 발견하게 될지도 모른다.

그러다 보면 일기장에, 사진첩에 오래 보관될 정도로 마음을 울리는 것들도 생기기 마련이다. 오래도록 펴 보고 싶을 그 한 장면을 붙잡아 보자.

매일 매 순간 행복한 것은 어려워도 한순간의 기쁨은 언제나 있다. 무색무취로 느껴지는 하루일수록 일순간 에 지나가는 그 감정을 손에 쥐어볼 만하다. 그 아이가 건넸던 행복처럼, 이따금 펴볼 장면이 많은 그런 일상 이 될 터이니.

스위스에 맡겨둔 것

 웅장한 자연을 배경으로 한 영화를 보았다. 집중하려 해도 영화 내용은 눈에 안 들어오고 배경에만 시선이 갔다. 문득 어딘가로 여행을 떠나고 싶다는 생각이 들었다.

 고개를 꺾어 올려다봐야 겨우 끝이 보이는 높은 나무, 흰 눈이 내려앉은 산, 적막 속에 들려오는 새소리, 인적 드문 도로, 거기다 낮은 건물들이 간간이 놓여있는 널따란 들판까지. 상상의 이미지들이 한 장소를 가리켰다. '스위스. 언젠가 스위스로 떠나야겠다.'

 그렇게 결심한 순간, 여행이라는 말이 사뭇 다르게 와닿는다는 것을 깨달았다. 어릴 적에는 무조건 사람에 치이더라도 북적이는 도시가 좋았는데, 나이가 들수록 잔잔한 풍경이 선사하는 느슨함에 매료되는 느낌이다. 분주한 일상에서 잃어버린 여유를 여행에서 찾으려는 심리가 발동된 것일까. 어떤 이유든 평소와 다르게 지내고 싶은 소망이 스며 있다는 것만은 분명했다.

아, 나는 그저 일상과 다른 풍경을 바라는 것이었나? 여기까지 생각이 미치자 새로운 질문이 머릿속을 채웠다. '스위스가 내 일상이라면 그 풍경을 행복이라 여길까?' 누군가는 긍정의 답을 할지도 모르겠다. 그렇지만 어떤 환상적인 것도 내 일상이 되어버리면 빛이 바래지 않는가. 그것의 가치는 변하지 않아도 내가 느끼는 감정은 달라진다. 어쩌면 여행이란 그곳이 내 일상이 되지 않아서, 끝을 품고 있어서 행복한 것인지도 모른다.

끝을 품은 여행. 그렇게 보면 우리는 삶의 여행자이면서도 늘 지금의 일상이 영원할 것처럼 느끼며 다른 곳에 행복을 맡겨두고, 그곳이 내 일상이 되면 또 다른 곳에 행복을 넘기는 일을 반복하고 있는 것 같다.

  자연스러운 감정의 흐름이긴 하다. '적응했다'고 느껴지는 삶에는 필연적으로 능숙함뿐 아니라 무료함도 따라오니까. 그러나 그 무료함이 지나쳐 내 품 안에 들어온 것을 지겹게만 느끼게 되면, 언젠가 스위스의 자연이 내 삶의 풍경이 되어도 내가 느끼는 감정은 다를 바 없어질 것이다.

  그러니 끝없이 반복되는 삶에 싫증이 날 때면 꼭 기억하자. 나는 여행자이고, 오늘은 영원하지 않다는 것을. 그 사실을 인지할 때 우린 너무 먼 곳만 바라지 않고 삶 자체를 조금은 낯설게 볼 수 있게 된다. 하루하루가 귀중한 여행지에서처럼, 조금 더 일상의 아침을 기쁘게 맞이할 수 있게 된다.

  아직도 스위스에는 가보지 못했다. 그러나 그곳에 맡겨둔 행복은 그 후로 종종 발견되곤 했다. 뒷산의 조용한 산책로에서, 사무실 통창 너머의 아늑한 풍경에서, 여행자로서 일상을 만끽할 때. 홀연히.

향을 수집하는 사람

 향은 언제나 빠르게 심장에 파고들었다. 내가 유독 냄새에 예민한 걸까. 시력보다 후각이 좋은 것만은 확실하다. 눈앞에 펼쳐진 건 오래 지긋이 봐야 무언가 깨달으면서, 코끝에 스치는 것은 아무리 은은해도 반사적으로 반응이 나와버리니까.

 그 점이 때론 불편하기도 하다. 그렇지만 무언가에 민감하다는 것은 내 하루가 그것으로 특별해질 수 있다는 의미도 된다. 그 사실을 깨닫고 나서는, 향을 모으기 시작했다. 상쾌하고, 더없이 달콤한 것들로.
 여름, 꽃, 비누, 싱그러운 과일….

그렇게 향수를 사용하다 보면 느껴지는 아쉬운 점이 한 가지 있었다. 처음 딱 맡았을 때의 그 향이 오래 가지 않는다는 것.

우리가 사용하는 향수 속의 향료는 휘발성에 따라 세 가지 노트로 나뉜다. 제일 휘발성이 강한 향료는 '톱노트', 그다음은 '미들노트'. 그 정도의 향료들은 거의 1시간 안에 다 날아가 버리고 그 후로는 가장 휘발성이 낮은 '베이스 노트'의 묵직한 향만 남는다.

나는 늘 톱노트의 향을 좋아했다. 상큼하고 강렬한 것, 그러나 빨리 사라지는 것. 그렇게 날아가고 남은 향이 처음의 분위기와 너무 다르면 어쩔 수 없이 아쉬움이 밀려왔다. 그럴 때면 역시, 향수는 배합이 가장 중요한 것 같다는 생각을 하곤 했다. 향수의 첫 향이 아무리 산뜻하고 좋아도 베이스가 안 어울리면 잔향이 매력적이지 않고, 베이스와 나머지 노트의 조화가 좋더라도 첫 향이 끌리지 않는다면 손이 가지 않으니까.

배합의 중요성, 그런 점에서 책은 향수와 닮았다. 언젠가 유독 좋은 향이 난다고 느꼈던 책이 있다. 종이가 특별하게 다른 것도 아니었고 잉크도 비슷한 것을 썼을 텐데, 특이했다.

책에 담긴 분위기 때문일까. 그 책뿐 아니라 다른 것들도 마찬가지였다. 다 비슷해 보여도 미묘한 차이가 나는 특유의 향이 존재했다. 어떤 책은 유독 강렬하게 코를 찌르는 냄새가 났고, 어떤 책은 은은하고 따뜻한 냄새가 났다.

어쩌면 책에도 노트가 있는지 몰라. 그렇게 생각하고 보니, 종이의 향 위로, 의미와 단어가 쌓여 '책의 향'이 완성되는 것 같다는 생각이 들었다. 사실 책도 그렇지 않은가. 예쁜 단어들이 적절히 배합되어 보기에 예쁜 글이어도 그 속에 깔린 의미가 나에게 매력적이지 않으면 빨리 기억에서 날아가 버리고, 뜻이 아무리 좋은들 나에게 와닿는 고운 단어에 싸여 있지 않다면 그 의미를 발견하기 전에 책을 덮게 된다.

그래서 아끼는 책들엔 다 미묘한 특유의 냄새가 있었나 보다. 처음 날 사로잡았던 향기로운 단어들과 잔잔히 깔려 있다가 점차 드러나는 의미의 향긋함을 발견한, 그 기억이 잔향으로 남아서. 책과 향수의 다른 점은 이것이었다. 책은 날로 그 향이 더해진다는 것.

언젠가부터 마음이 외로운 날이면, 꼭 서점에 가서 마음에 와닿는 책을 사 오게 되었다. 몸에 뿌리는 것으로도 충분히 나아지지 않을 때면, 내게 가장 필요한 향기로움은 늘 책에서 발견되었으니까.

행복은, 민들레처럼

 강아지를 키우다 보면 별거 아닌데 미소를 머금게 되는 순간이 많다.

 예년보다 조금 따뜻했던 겨울, 어머님 생신 파티 날에 있었던 일이다. 어스름이 짙어가고 가로등 불이 켜질 즈음 다 모이게 된 우리 가족은 파티를 준비하기 시작했다. 시부모님 댁의 마스코트 럭키도 분주하게 움직이는 가족들을 따라다니며 구경했다. 맛있는 음식과 미리 마련해 뒀던 선물들을 예쁘게 놓고 식탁에 모여 앉은 우리는 파티의 시작을 알리며 생신 축하 노래를 부르기 시작했는데, 놀라운 일이 벌어졌다.
 얌전히 앉아 있었던 럭키가 꼬리를 흔들면서 노래에

맞춰 짖기 시작한 것이다. 즐거운 분위기를 느꼈던 걸까. 우리는 그런 럭키가 너무 귀여웠던 나머지 크게 웃음을 터뜨렸다. 저녁 내내 럭키는 평소보다 들떠있었고, 특유의 통통 튀는 걸음걸이와 밝은 표정으로 가는 곳마다 발자국처럼 행복을 새겼다.

강아지와 함께 있다 보면 감정이라는 게 옆의 존재에게 얼마나 순식간에 퍼지곤 하는 것인지 다시 한번 느끼게 된다. 강아지들은 생각보다 더 사람의 감정을 쉽게 파악하고, 민감하게 반응한다. 즐거운 분위기에서는 더없이 즐거워하고 슬픈 분위기에서는 이유를 몰라도 같이 우울해하면서. 자신에게 공감하는 강아지의 모습을 보게 되면 사람도 쉽게 동화될 수밖에 없다. 깊은 마음을 나누는 존재들은 그렇게 서로 순간순간 닮아가며 증폭되는 행복을 느낀다.

부모님과 럭키를 통해 얻은 깊은 감정 교류의 기억은 쌓이고 쌓이다가 다리가 되어 어느 날, 우리 부부와 한

마리의 강아지를 이어주었다. 털이 하늘하늘하여 첫 별명이 '민들레 꽃씨'였던 우리 강아지는 처음 만난 순간부터 지금까지 별명에 걸맞게 행복을 퍼뜨리며 우리의 하루를 봄날로 만들고 있다. 마음이 서늘하고 슬픈 날이면 옆에 와 온기를 나누고, 기쁜 날이면 덩달아 즐거워 뛰면서. 그럴 때 함께 느끼는 기쁨은 홀로 느끼는 것과는 차원이 다른 크기로 우리를 감싼다.

종종 내가 홀로 만들어 낸 것보다 옆에서 안겨준 것이 더 빛나는 걸 보면, 행복은 본래 피어나는 순간보다 퍼지는 순간에 더 눈부시게 아름다운 감정인가 보다. 작은 바람에도 허전한 들판에 가닿아 무성하게 피어나는, 어느 봄날의 민들레처럼.

낮고 성긴 돌담

 제주 구좌읍 평대 해변 근처에 좋아하는 카페가 있다. 바다를 따라 걷다 보면 만날 수 있는 그 카페는 어린아이가 쌓은 것 같은 아주 낮은 돌담과 초록빛 정원이 매력적인 곳이다.

 흙길이 깔린 입구로 들어가면 작은 키로도 존재감을 드러내는 소철들이 반겨주고, 칠이 벗겨진 아담한 문을 열면 이름 모를 나무들과 손때가 묻은 아기자기한 소품들이 시선을 끈다. 그 공간을 채우는 특유의 목가적이고 아늑한 분위기에 매료되어, 제주에 가면 종종 그곳에서 시간을 보내곤 했다.

 나는 그 카페에서 작은 책상이 놓인 창문 앞의 자리를 가장 좋아했다. 누군가의 취향 안에서 바라본 제주

바다는 아름답다는 말로 다 표현할 수 없을 정도로 깊은 감동을 불러일으켰다.

나무로 된 창틀이 풍경을 반으로 나눠 한쪽은 정원, 한쪽은 바다가 담긴 것을 보고 있노라면 두고 오지 못한 저쪽 땅에서의 시름이 툴툴 털어지는 듯한 느낌을 받았다.

유난히 화창하던 날, 카페에서 여유를 즐기고 나와 걷다 보니 문득 궁금증이 생겼다. 왜 이 마을의 풍경이 유독 위로가 될까. 비단 비행기를 타고 와서 그런 것만은 아닐 것이다. 가만히 서서 둘러보았다. 어린아이도 뛰어넘을 법한 낮은 돌담이 이어지고, 유채꽃밭이 빈 곳을 채우고 또 돌담이 죽 이어진다. 군데군데 이름 모를 풀꽃과 나무들이 조금은 생뚱맞아서 더 잘 어울리는 곳에 자리하고 있었다.

그 풍경을 보고 있으니, 좋아하는 시의 구절이 떠올랐다.

'…풀 한 포기 없는 이 길을 걷는 것은/ 담 저쪽에 내가 남아 있는 까닭이고,/ 내가 사는 것은, 다만,/ 잃은 것을 찾는 까닭입니다.'

제주의 돌담길과는 사뭇 다른 길을 연상케 하는 이 구절은 윤동주 시인의 <길>이라는 시의 일부분이다. 딱딱한 길, 끝없이 이어지는 높은 담, 담 너머에 있는 '나', 잃어버린 것을 찾기 위해 살아가는 삶까지. 시대적 상황을 빼고 본다면, 윤동주 시인의 길은 우리의 길과 비슷한 점이 참 많지 않은가.

시구를 곱씹을수록 도시의 풍경이 떠올랐다. 핏줄처럼 퍼져있는 딱딱한 아스팔트와 네모 모양의 시멘트 건물, 깔끔한 사무실, 일렬로 세우고 같은 크기로 다듬은 나무들. 공간의 모습은 사람에게 꽤 큰 영향을 미친다. 그래서인지 떠오른 풍경은 내가 일상 중에 추구하던 가치들과 닮아 있었다.

우리가 추구하는 세상의 '완벽'은 효율적이고 이성적인 것이 '가장 가치 있다'고 말하며 그것을 위해 살도록 부추긴다. 그러나 완벽할 수 없는 인간이 그런 완벽한 결과를 내기 위해 달리다 보면 진짜 중요하고 아름다운 가치들을 잃어버리게 된다. 사랑, 꿈, 사람, 그리고 행복. 이렇게 우리에게 살아갈 힘을 주는 것들은 언제나 효율적이지도 이성적이지도 않으니까. 시구처럼 저 높은 담 너머에 나의 일부인 그 가치들이 남겨져 있게 되는 것이다.

그래서, 이따금 참을 수 없이 답답한 기분을 느끼곤 했나 보다. 그럴 때면 머릿속 누군가가 '아주 흐트러진 풍경을 눈에 담자'고 소리치는 것만 같았고, 그 말을 따라 꾸며지지 않은 날것의 장소에 다다르면 팽팽히 당겨진 끈이 딱 풀린 듯 마음이 나슨해지곤 했다.

제주의 작은 동네가 아름다웠던 이유는 그렇게 나를 지치게 했던 세상의 완벽과 조금도 닮지 않았기 때문이었다. 그곳은 여백과 흐트러짐이 가득한 공간이었다.

이곳저곳으로 원하는 만큼 가지를 뻗은 나무들과 안이 훤히 보이는 낮고 성긴 돌담, 누군가의 계획대로 심어진 것이 아니라 그저 어디선가 터진 씨가 스스로 자리 잡아 움튼 풀꽃들은 완벽하지 않아서 더 완전무흠한 아름다움으로 텅 빈 마음을 채웠다. 그 존재들은 완전함이라는 허상의 추구도, 실패도 없이, 그저 자기에게 주어진 키만큼 자라서 옹기종기 옆의 존재와 어울리고 있었다.

나는 비로소 막힌 담이 무너진 듯 많은 것이 흘러나오는 걸 느꼈다. 흐려졌던 사랑도, 꿈도, 사람도, 그리고 행복도 자연스럽게 떠올릴 수 있었다.

열심히 살아가는 중 느껴지는 답답한 공허함은 어쩌면 내가 잃어버린 것들이 부르짖는 소리인지도 모른다. 나를 잃어버린 채 너무 멀리 가지 말라고. 존재조차

잊어서는 안 된다고. 그렇게 말하고 있는 것인지 모른다.

　마지막 구절이 다시금 와닿는다. '내가 사는 것은, 다만, 잃은 것을 찾는 까닭입니다.' 그래, 무언가 잃었다는 사실만 잊지 않으면 된다. 잃어버린 것을 계속 찾으면서 걸어 나가는 과정이 삶이니까.

　요즘도 마음이 허할 때면, 자연의 모든 것이 스스로 어울리고 있는 장소를 찾아가 본다. 그곳의 분위기를 실은 바람 내음이 마음에 닿을 때, 높은 담 너머에 있는 중요한 가치들을 되찾을 수 있길 바라면서.

한강의 풍경

 Y와 오랜만에 만났다. 우리는 원래 되도록 사람이 많은 곳은 피해서 약속을 잡곤 하는데, 그날은 평소와 달리 평일에도 웨이팅이 있다는 유명한 카페에 가기로 했다. 한차례 비가 쏟아지고 난 후 찾아온 선선하고 맑은 공기에, 한강의 풍경이 그리워졌기 때문이었다.

 카페에 가장 사람이 많을 토요일 2시쯤, 우리는 대기번호를 받은 후 카페 옥상으로 올라갔다. 옥상엔 사람과 작은 온실, 망원경, 그리고 시야를 가득 채우는 한강이 있었다.

 비가 갠 후, 남은 구름 몇 점이 장식한 여름의 한강 풍경은 그 어느 때보다 멋있었다. 조금 기다리더라도 이곳에 오길 잘했다는 생각이 들 정도로.

눈앞에 보이는 대교는 올림픽대로와 강변북로를 오고 가는 차들로 북적였고, 그 밑을 지나는 한강의 물결에 빛이 잘게 부수어져 반사되었다. 이름 모를 높은 건물들이 하늘을 받치고 있는 듯한 모습과, 한강과 작은 섬이 대교를 이고 있는 듯한 광경은 하나로 어우러져 탄성을 자아냈다.

나는 그 장면을 오래 간직하고 싶은 마음에 자연스럽게 카메라를 들어 셔터를 눌러 보고 동영상도 찍어 보았다. 그러나 사진이나 영상에 담긴 모습은 늘 눈에 담은 것과는 차이가 있다. 한강 물결의 흐름과 바람이 주도하는 나무의 춤사위, 어디론가 향하고 있는 차의 생동감은, 눈으로 그 직선과 곡선의 움직임을 찬찬히 따라가야만 느낄 수 있는 것이었다.

그렇게 한 30분 정도의 시간이 흐르고 카페에서 자리가 났다는 연락이 왔다. 기다림 끝에 들어간 카페에서는 아쉽게도 안쪽 자리에 앉게 되어 한강은 잘 보이지 않았다. 그러나 그것보다 더 흥미로운 광경을 볼 수 있었다.

카페의 의자가 전부 한강이 보이는 넓은 통창을 향해 있는 것이었다. 그래서 그런지, 테이블에 빨간 장미 다발을 얹어 둔 풋풋한 연인도, 동호회에서 단체로 온 듯한 사람들도, 5살 남짓 되어 보이는 아들과 함께 온 가족도 모두 사진을 찍기보다는 지금 이곳이 아니면 담을 수 없는 풍경을 충분히 눈에 담고 있었다. 나는 같은 방향을 보고 앉아 집중하고 있는 사람들의 뒷모습을 보며 생각했다. 마치 작은 영화관에 명작을 감상하러 온 것 같다고. 그리고 그 분위기에 합류해 커피를 즐기는 속도로 그 장면을 찬찬히 머금고 음미했다.

때로는 그 순간에 집중해야만 느낄 수 있는 행복이 있다. 저장하거나 기록할 수 없고, 모든 감각을 사용해 순간을 오롯이 누릴 때 얻어지는, 그런 행복. '좋다'는 기분이 들자마자 셔터를 누르며 눈앞의 모든 것을 포착하기 시작하면, 그런 종류의 행복은 오롯이 담기지 못하고 프레임 밖으로 새어 나가기 마련이다.

어떤 순간은 꼭, 마음에 담자. 사소한 빛깔 하나까지 담아낸 명장면에는 무엇으로도 담지 못할 생동감이 더해지는 법이니까. 커피 향이 더해진 한강의 풍경처럼, 거듭 재생하고 싶은 감미로운 추억이 될 것이다.

버킷리스트

"어디든 좋으니 새로운 곳에 가자."

어느 날, 외마디 탄식과 함께 내 입에서 흘러나온 말이 나와 남편의 '버킷리스트' 시작점이 되었다. 대단히 괴로웠던 날도, 힘들었던 날도 아닌 평범한 날이었다. 아니, 사실은 별일 없었던 것이 문제였을지도 모른다.

그즈음 일상이 마치 하나의 곡을 매일 연주하는 것과 같이 느껴졌었다. 특정 마디에서 박자가 달라지고, 쉼표가 길어지고, 없던 음표가 두어 개 생기긴 했겠지만, 대부분은 특이 사항 없이 비슷하게 흘러갔으니까. 그런 평범한 흐름에서 느껴지는 안정이 행복으로만 다가 오면 좋으련만, 내가 노래로 치면 수시로 변주를 집어넣는 재즈 같은 사람이라는 것이 문제였다. 가슴이 저릿해질 정도로 작은 변화에 대한 갈증이 피어났다. 반복되는 일과에서 오는 무료함을 깨기 위하여 몸이 아우성치는 듯했다.

 마침, 산들산들한 바람이 따뜻한 계절을 이끌고 왔기에, 우리는 더 주저하지 않고 주말 하루를 빼서 조금 먼 곳으로 데이트를 나가기로 했다. 비행해야 하는 여행도 아니고 한두 시간 정도 걸리는 동네에 다녀오는 것뿐이었는데도 계획을 짜는 순간부터 조금씩 설레기 시작했다.

 약속했던 주말이 되었다. 정말 오랜만에 일상의 영역에서 벗어나 새로운 풍경을 눈에 담았다. 처음 타보는 버스에 몸을 싣고 도착한 장소는, 언덕을 따라 집이 또 다른 집을 이고 있는 모습이 쭉 이어지면서 동네 전체가 하늘에 닿아 있는 듯한 정경을 그려내어, 오묘하고 아름다운 분위기를 풍기는 곳이었다.

마치 십 년 전쯤을 배경으로 한 영화의 한 장면을 보는 듯 예스러운 상가의 간판, 세월이 색을 벗겨 낸 철문, 어디서 와서 어디로 가는지 모를 사람들을 환대하는 정감 가는 골목들, 그리고 순고(淳古)한 장면을 한껏 즐기고 있는 사람, 사람, 사람…. 북적이면서 고요하고, 잔잔하면서 활기찼다.

분위기를 즐기며 골목을 걷던 우리는 우연히 예쁜 카페를 발견했다. 그리고 평소에 즐겨 마시던 녹차를 시켰다. 그 카페에서만 즐길 수 있는 음료가 많이 보였음에도 특별한 것을 선택하지 않았던 이유가 있다. 가끔 '맛'은 공간의 정취(情趣)를 담아내니까. 캠핑하러 가서 먹는 라면이 집에서 끓여 먹었던 것과 확연히 다르게 느껴지는 것처럼, 음식 자체는 다르지 않지만, 새로운 풍경이 조미료가 되곤 하는 것을 나는 많이 경험해 봤다. 보기에는 별다른 거 없어 보이는 그 카페의 녹차도 역시 그랬다. 동네의 풍경이 녹아 있는 듯 찻잎의

쌉싸름한 맛 뒤에 묘한 달콤함이 느껴졌다.

어느덧 하늘엔 우리 동네와 같은, 그러면서도 너무 다른 노을이 내려앉았다. 일상에 돌아갈 시간이 어김없이 온 것이다. 그러나 생각했던 것처럼 아쉽지는 않았다. 어제와는 다른 상쾌한 마음을 안은 채였으니까.

나와 남편은 그날 이후로 일상의 변주를 위한 리스트를 작성하기 시작했다. 아직 가보지 않은 지하철역에 내리기, 아무 연고도 없는 지역의 독립 서점 방문하기 등 대단한 노력이 필요하지는 않지만, 완전히 낯선 것들로.

새로운 세상은 멀리 있지 않다. 아주 조금만 일상의 영역을 벗어나면 된다. 우린 누구나 똑같은 뿌리를 가졌지만, 생활의 양태에 있어서는 전적으로 이방인이기도 하니까.

손 편지로 오가는 마음

 편지 쓰기 수업을 하던 중이었다. 한 2학년짜리 아이가 와서 물었다.

 "선생님, 엄마한테 쓸 건데 저녁에 오늘 먹은 반찬 말고 어제 먹은 거 해달라고 써도 돼요?"

 아이 어머님은 그것도 그것대로 귀여워 할 것 같다는 생각이 스쳤지만, '마음이 담긴 편지 쓰기'가 주제니 그러라고 할 수가 없었다. 그래서 연필을 쥐여주며 "엄마가 편지를 받으시면 설레시겠지? 기뻐하실 수 있게 말과 문자로 전하지 못했던 감사의 마음을 전해보자."라고 교과서적인 대답을 해 주었다.

 그렇게 답하고 보니 요즘 아이들은 휴대전화로 언제

든 연락하는 것에 익숙해서 우리와 달리 편지가 조금 어색할 수 있겠다는 생각이 들었다. 내가 어릴 적만 해도 교환 일기와 펜팔이 놀이였고, 예쁜 편지지를 수집품처럼 모아 친구와 교환하는 것을 즐겼었는데. 지금과 대비되는 옛 기억이 새록새록 떠올랐다.

편지 추억을 회상하던 그로부터 몇 개월이 지난 12월 중순쯤, 친구 E에게서 문자가 왔다. 연초를 맞아 엽서를 보낼 예정이니 주소 좀 알려달라는 용건이었다.

생각해 보면 E는 그 시절 같이 어울리던 친구 중에서도 유독 편지를 잘 활용하곤 했었다. 우린 교실이 같은 층이었는데도 주고받은 쪽지가 적당한 크기의 틴 케이스 두 개를 가득 채웠던 것을 보면 그냥 써서 전하는 걸 즐겼던 것 같다. E는, 그 마음이 여전했던 모양이다.

기다리는 게 있어서일까. 시간이 빠르게 흘러 연초가 되었다. 며칠을 오며 가며 우체통을 들여다보던 어느 날, 드디어 고지서들 밑으로 숨은 엽서를 발견했다. 우표 밑에 익숙한 글씨체로 내 이름과 E의 이름이 적혀 있었다. 새로운 한 해를 응원하는 마음이 한껏 묻은 문장들과 작은 스티커, 흐릿한 연필심 자국을 보니 E와 내가 함께했던 첫 순간부터 지금까지의 기억이 천천히 스쳐 지나갔다. 뭉클했다.

손 편지의 가장 큰 매력은 이렇게 마음이 입체적이고 다양한 방식으로 담길 수 있다는 점이 아닐까. 쑥스럽더라도 받는 이를 처음 호명하는 순간부터 담아보는 애정. 받을 사람을 생각하며 고른 편지지, 고민하며 다듬은 진심이 담긴 문장, 최대한 정갈하게 눌러쓴 글씨체, 편지지에 뿌린 향수의 향. 그리고 직접 전하지 않는다면 우표를 붙이고 우체통에 넣는 정성까지. 편지의 모든 요소는 보내는 이의 마음을 담뿍 담고 있다.

그러니 어느 것보다도 낭만적이고 따뜻하게 마음이 전달되는 것이다. 문자를 몇십 번 주고받는 것보다 가끔 건네받는 손 편지 한 장에 더 가슴이 간질간질하고 큰 감동을 받는 것은 분명 이런 매력 때문이다.

돌이켜보면 대단한 내용이 아니더라도, 서툰 모습이 담겨 있더라도 편지는, 그 사람만을 위해 적어 건네는 마음이라는 이유만으로도 큰 행복을 자아내는 힘이 있었던 것 같다.

E의 새해 인사를 받아 든 후로, 나는 소품 가게만 지나면 마음에 드는 엽서를 사서 책장에 꽂아두는 버릇이 생겼다. 조금 더 자주, 소중한 마음을 쑥스러움까지 담아 건네기로 다짐하면서.

어른의 편지, 동화

 나는 가끔 '동화'가 어린이만의 것이 아니라고 느낀다. 어느 여름밤, 남편과 잠들기 전 대화를 하다가 어릴 때 본 애니메이션 이야기가 나왔다. 분명 영화관까지 가서 봤던 기억이 있는데 결말이 해피엔딩이었다는 것 말고는 상세한 설정부터 교훈까지 뭐 하나 제대로 기억나는 것이 없었다. 궁금증을 검색으로 해결하고 싶지 않았던 나는 다음 날 저녁 그 애니메이션을 틀었다.
 영화가 끝나고 가장 먼저 들었던 생각은, '이 작품이 어린이용이 맞나?' 하는 의문이었다. 영화는 처음부터 끝까지 모든 영화적 장치와 요소를 잘 쌓아 올려서 보는 이의 마음을 열게 하고는, 가장 적절한 순간에 교훈을 집어넣었다. 까만 밤하늘, 작은 폭죽들로 은은하게 수놓다가 피날레를 장식하는 가장 크고 아름다운 폭죽을 터뜨리듯이.

긴 여운에 가만히 앉아 있다가 이 영화가 안고 있는 주제는 어른을 위한 것이라고 생각하니, 그동안 수많은 애니메이션 영화를 어릴 때만 한번 보고 잊고 살았던 것이 아까워졌다.

정말 잘 만든 애니메이션을 보면 깨닫게 된다. 단순히 아이들의 것으로만 생각해 왔는데 사실 동화란, 어른이 인생 선배로서 느낀 교훈을 가장 예쁘게 포장한 선물이었다는 것을. 그리고 그 선물은 인생 후배의 마음에 포근히 날아와 안착하게 된다.

그래서 마냥 어릴 때보다는 조금 커서 인생이 복잡할 때야말로 동화의 진가가 발휘된다. 나의 삶과 닮은 조각들이 작품 속 곳곳에 숨겨진 것을 발견하다가, 가장 적절한 순간에 아름답게 결론이 맺어지는 것을 볼 때, 그 동화는 결코 뻔하고 시시한 내용으로 남지 않는다.

나의 복잡한 삶의 문제와 화해하며 얻는 행복으로, 사라지지 않는 여운으로 남는다.

마음이 번잡스러울 때면 한 번쯤 기억나지 않는 애니메이션을 틀어보자. 위로가 담긴 정성스러운 편지 하나를 읽은 듯, 그 속의 주인공이 사실은 나였음을 깨닫고 따뜻한 행복이 피어날 테니까.

사실 좋아했어

 이제 와 보면, 싫다는 표현이 종종 애정에서 나왔다는 생각이 든다.

 초등학생 때였다. 미술 시간에 나는 나무를 참 많이 그렸다. 담임 선생님이 '나무를 아주 좋아하는구나.'라고 피드백했을 정도로. 온통 초록빛인 것이 아쉬우면 태양도, 구름도, 동물도 종종 그려 넣곤 했던 내 도화지에 초대받지 못한 것은 '꽃'뿐이었다. 누군가 그 이유를 물으면 간단히 답했다. "꽃은 별로 안 좋아해, 시들잖아."

 조금 우스운 고백이지만, 사실 나는 나무보다도 엄마

가 가끔 책상 위에 두는 꽃병에 더 눈길이 갔다. 생기가 흐르던 꽃이 너무도 예뻐서, 매일 조금씩 시들어가는 과정을 보는 것이 씁쓸해서, 도리어 '꽃은 싫어, 시들지 않는 나무가 좋아.'라는 표현으로 애정을 덮어버린 것뿐이었다.

그 청개구리 같은 마음은 청소년 때까지 이어졌다. 그때 내가 '싫다'고 했던 것은 공부였다. 무언가 새로운 것을 알아가고 이해도 못 했던 문제를 풀어냈을 때의 기분은 말로 다할 수 없이 벅찼고, 공부만큼 재밌는 것도 없었다. 그러나 그렇게 좋아하면서도 높은 점수를 받지 못하면 너무 아쉬울까 봐, 힘들게 노력한 만큼 더 아플까 봐 싫은 척이라도 해야 했다.

그렇게 나는 너무 좋아하는 것은 밀어내고, 적당히 좋아하는 것들 사이에서 하루를 보냈다. 조금만 비겁해지면 상처받을 일은 없었다. 공부 대신 노력을 쏟을 수 있는 것들과 가짜 꽃다발이 내 책상에 쌓여 갔다.

그러던 어느 여름, 꽃집 앞에서 덮어뒀던 마음이 열려 버렸다. 여느 때보다 더 지친 몸을 이끌고 집으로 가던 중, 예쁘게 진열된 꽃다발이 보였다. 그 모습이 시선을 끌었던 것은 아니었다. 늘 있었으니까. 유독 외면할 수도 없이 향이 진하게 퍼졌다는 것이 평소와 다른 점이었다. 나는 살아 있는 꽃만이 풍길 수 있는 촉촉한 물기를 머금은 향기에 홀려 그 자리에 멈춰 섰다. 마른 꽃에서 나는 톡 쏘는 향도, 비누 꽃의 인공적인 향도 아닌, 생기의 향.

정신 차려보니 나는 꽃다발 하나를 사 온 뒤 꽃병을 씻고 있었다. 그리고 잠들기 직전까지 계속 그 꽃을 오며 가며 눈에 담았다. 자연히 향에 이끌려 쳐다보면 오랫동안 느껴보지 못했던 기쁨이 우러나왔다.

사실, 좋아했다. 그 사실을 인정하고 나니 내 하루에는 더 많은 행복들이 쌓여 갔다. 재능이 없어 못 할 거라고 말하며 미뤄뒀던 것들, 지레 겁먹고 포기했던 일들이 하나둘 피었다. 그때 알았다. 삶에서 풍기는 생기의 향은 열망을 저버리지 않는 사람에게 주어지는 선물이라는 걸.

애정이 많이 담긴 것은 손에 쥘수록 자주 아프다. 그렇지만, 그것만큼 나에게 활력과 행복을 주는 것도 없다. 좌절하게 될 순간이 올까 두려워서 애써 애정을 숨기고 시도조차 하지 않는다면 상처는 없겠지만, 나에게 남는 건 더없이 미적지근하고 건조한 일상뿐이다. 책상 위에 놓인, 오래된 조화처럼.

정말 마음이 계속 향할 정도로 좋아하는 것이 있다면, 애써 외면하지 말자. 결과가 좋지 않아도 괜찮고, 예상보다 더 빨리 시들어 버려도 괜찮다. 시들 기회도 없는 조화와 달리 시든 꽃은 분명 좋은 거름이 되니까. 애정이 만개하지 않았던 일과 지독하게 매달리며 사랑을 쏟은 일의 차이는 그것이다. 후자는 그 결과와 상관없이 나에게 또 다른 꽃이 피게 만든다는 것.

좋다고 인정하는 용기가 생긴 후로는 나의 삶에 가장 좋아하는 일들만 쌓여 있게 되었다. 때때로 아픔이 되기도 했지만, 그 무엇보다도 매력적인 향을 풍기면서.

겨울은 따뜻하다

 매년 '전국적으로 극심한 폭염, 예년보다 더워….'라는 뉴스가 새로운 기록이 경신되었음을 알린다. 그런 문구를 보면 '맞아, 너무 더워졌어.'라고 생각하면서도 '그래도 겨울보다는 낫지.'라고 생각을 이어갔던 나는 꽤 많이 겨울을 싫어했던 것 같다.

 사계절을 좋아하는 순으로 나열할 때도 언제나 겨울이 마지막이었다. 특별한 이유가 있는 것은 아니다. 내가 유독 찬 기운에 약하기 때문이다. 여름에는 더위를 피할 양산도 나무 그늘도 있지만, 겨울의 추위를 피할 수 있는 그늘은 없었다. 그래서 볼일이 있는 것이 아니라면 겨울엔 대부분 실내에서만 하루를 보냈다.

그러나, 강줄기조차 얼어버리는 날에도 가끔은 길거리를 오래 걸어야 할 일이 생긴다. 그날이 그런 날이었다. '하필이면 본가에 가는 날에 눈이 쏟아질 게 뭐람.' 나는 더 껴입을 수는 없을 정도로 완전히 무장한 채 집을 나섰다.

상당한 눈이 쌓여 있어서 그런지 온 세상이 하얘 눈이 부셨고, 평소에는 잘 보이지 않던 아이들까지 다 나와 이 계절의 전유물을 예쁘게 빚고 있었다. 종종 아이들이 만드는 것의 몇 배 크기로 눈사람을 만들고 있는 어른들의 모습도 보였다. 왠지 웃음이 났다. 눈은 제 색깔처럼 사람을 맑게 하는 힘이 있나 보다.

그 풍경을 보며 천천히 걷는 중에 눈사람을 만들던 어떤 아이가 말하는 소리가 들렸다.
"아빠, 여기 내 옆에 발자국 남겨 봐, 얼른!"
보아하니 아이는 눈사람이 앉아 있는 자리 앞에 자신이 만들었다는 흔적으로 발자국을 남기고 싶었던 모양이다. 볼이 잘 익은 사과처럼 붉어져 있는데도 추위 같은 건 아랑곳하지 않고 이곳저곳에 발로도, 손으로도 온기를 묻히고 있었다. 그때 무언가 따뜻한 행복이 느껴졌다.

아이러니하게도 겨울은, 가장 추워서 가장 따뜻함을 잘 느낄 수 있는 계절이었다. 찬 기운이 온 세상을 덮을 때야말로, 우리 눈앞에는 온기가 잔뜩 피어난다. 서로의 숨이 하얗게 눈에 담기고, 숨길 수 없는 발자국이 한데 얽힌다. 옆집 담장에도, 자동차 위에도 누군가의 손에 그득했던 따뜻함이 새겨진다. 이처럼 사람의 흔적이 잘 보이는 계절이 있을까.

그 따스한 풍경은 오래 마음에 남았다. 그리고 다음 해 겨울이 또 찾아왔을 때는, 그리 싫게만 느껴지지 않는다는 걸 깨달았다. 여전히 손발의 감각이 무디어지는 듯한 추위를 느끼면서도, 사람의 온기가 새겨지는 풍경에 자연히 이끌리는 나를 발견했다.

삶은 보기 나름이다. 장점으로 볼 수 있음에도 무언가를 단점이라고 인지하기 시작하면 좋은 점은 모두 가려지게 된다. 따뜻한 풍경을 자아내는 겨울의 추위를 매섭다고만 느끼면 움츠리고 피하기 급급해지듯이.

그래서 행복은 섬세한 시선을 회복할 때 얻어진다. 부정적인 감정이 내 시야를 가릴 때면 생각해 보자. 은은하게 존재하는 멋진 장면들은 모두 외면한 채, 그 상황을 불쾌한 것으로 낙인찍고 있지는 않은지. 그 단점이 씌운 필터를 한 꺼풀 벗겼을 때 비로소 우린 스스로 밀어내고 있었던 아름다움을 넘치게 발견하게 될 것이다.

등잔 밑 행복

　우리는 생각한다. "이것만 이루면 좀 행복하겠지." "대학에만 가면, 취직에 성공하기만 하면 행복하겠지." 그러나 뒤돌아보면, 지나온 길이 많고 이룬 것이 많아도 그때 내가 기대했던 것만큼 환상적인 일도 없었을 뿐더러 그다지 행복하지 않았다는 것을 느끼게 된다. 이것은 모두 오해에서 기인한 결과이다.

　행복은 비유하자면 친구와 같다. 그것도 언제나 아리송해서 수도 없이 오해받기 쉬운 친구. 알쏭달쏭한 친구일수록 매일 고단한 인생길을 손잡고 걸으며 알아가야 친해질 터인데, 우리는 행복의 손을 잡고 수시로 외친다. "넌 내 인생의 퀘스트를 깬 후의 보상이야. 그때

와서 날 기쁘게 해줘." 혹은 "넌 내 삶의 궁극적인 목적이야."라고. 만약 행복이 우리에게 대답한다면 "그냥 옆에 있으면 안 돼?"라고 하지 않을까.

진정한 친구를 떠올려 보자. 우리는 대단한 것을 이룬 뒤에 나에게 다가온 사람보다는 내가 힘들 때도, 가진 것 없을 때도 항상 옆에 있음으로써 힘을 주던 사람을 진정한 친구라고 말하곤 한다. 행복도 이와 마찬가지다. 오늘 만나고 내일 또 만나는 것이 최고의 행복이다.

가끔 그런 생각을 한다. 불쑥 찾아오는 슬픔과 고난보다, 내가 저 먼 곳에 있다고 믿고 갈망하는 '좋은 것'이 가장 깊이 나를 불행하게 하는 것 같다고.

물론 우리가 아직 손에 쥐지 못한 행복은 '등불'과 같아서 우리의 앞을 밝히기도 한다. 어두운 곳에서도 한 발씩 내디딜 수 있는 열정을 준다. 그러나 문제는 우리의 마음이 그것에만 집중되어 있을 때 드러난다. 그 밝음에만 매료되어 있으면 우리 곁에 있던 오늘의 행복들을 볼 수가 없게 되니까.

 등불은 언젠가는 꺼진다. 그렇게 칠흑 같은 어두움이 깔린 순간이 중요하다. 당장 내가 서 있는 자리에 존재하는 행복을 볼 줄 아는 사람은 잠시간 어스름에 지칠지언정 절대 주저앉지는 않는다. 찬란한 목표는 삶을 즐겁게 할 하나의 원동력일 뿐이니까. 다시 내 옆의 기쁨과 걷다 보면 또 다른 불을 켤 수 있음을 아니까.

 행복이 매일 손잡고 있는 친구라는 것만큼, 불확실한 삶을 즐길 수 있게 하는 희망적인 사실은 없다. 언젠가 올 수도 있고 아닐 수도 있는 보상이 아니라 매일 함께하고 있는 것으로 여긴다면, 지금도 당신의 삶에 아직 찾아내지 못한 멋진 순간과 찰나의 행복들이 아주 그득히 쌓여 있는 것을 보게 될 것이다. 나는 당신이 멀리 있는 찬란함보다 등잔 밑의 무수한 행복을 발견하고 손잡길 소망한다.

제2부

과거의 나를 사랑하기

후회는 후회를 낳고

 한 아이가 있다. 아이는 문득 바다에 가고 싶어졌다. 넓게 펼쳐져 하늘과 맞닿은 수평선, 잔잔한 파도 소리가 아름다운 그곳. 아이는 상상만으로 벅차올라, 바로 길을 떠났다. 바다 내음이 코끝에 닿을 순간만을 고대하면서. 한참을 걷고 또 걷다 보니 맞은편에서 자신의 또래 아이가 걸어오는 것이 보였다.

"안녕, 너는 어디로 가는 중이야?"

"나는 바다에 가."

"바다에 뭐가 있는데?"

"행복이 있어. 너는 어디로 가고 있니?"

"나는 저기 보이는 산으로 가. 산에서 내려다보면 멋진 풍경이 보이거든."

그 말을 듣자 갑자기 눈앞의 아이가 부러워졌다. '저 산이라면 훨씬 전에 지나왔는데. 이 아이보다 먼저 오를 수 있었는데.' 그런 생각을 하며 그 아이가 입은 튼튼한 옷과 신발을 보니 이미 많이 닳아버린 자신의 옷차림이 초라해 보였다. '바다에 가면 내려다볼 수 있는 풍경도 없는데 어쩌지. 내가 왜 바다에 가려 한 걸까.' 자신의 선택이 몹시 후회되기 시작했다. 힘이 빠져버린 나머지, 바위에 걸터앉아 애꿎은 옷과 신발을 잡아당기며 화풀이했다.

그러나 산으로 돌아가기엔 가진 것이 마땅치 않았다. 아이는 어쩔 수 없이 마저 걷기로 했다. 얼마나 더 걸었을까, 두 갈래 길이 나왔다. 한쪽은 키만큼 큰 풀들이 빽빽이 늘어서 있었고, 다른 한쪽은 풀 한 포기 없는 대신 진흙탕이 펼쳐져 있었다. 발이 쓰릴 정도로 신발이 해진 것을 본 아이는 한참을 꼼지락대며 고민하다 풀이 늘어선 길을 택했다. 걷고 또 걷는 동안 날카로운 풀 때문에 계속 옅은 생채기가 생겼다. 화가 났다.

'아까 그 진흙탕 길로 갔으면 다리만 좀 더러워졌을 텐데.'하고.

 한탄하면서도 눈앞의 풍경을 보니 어느덧 꽤 많은 길을 지나왔다는 것이 느껴졌다. 당장이라도 주저앉을 것 같았지만 조금 더 힘을 내기로 했다. 끙끙대며 높고 큰 언덕을 지나자, 머리칼을 간질이는 바람이 불었다. 그리고 드디어, 바다 내음이 나기 시작했다. 아이는 두근거리는 마음을 안고 뛰어가 모래사장에 한 발을 내디뎠다. 눈앞에 탁 트인 바다가 펼쳐졌다. 곳곳에서 행복한 웃음소리가 파도 소리에 얹혀 들려왔다. 아이는 탄성을 지르며 그토록 고대했던 순간을 만끽했다.
 쉬고 있는 아이 옆쪽으로 어떤 사람이 다가와 발을 담갔다. 신나서 참방대는 그 사람을 쳐다본 순간, 흠칫했다. 그 사람은 신발도 없이 온몸이 새까만 진흙으로 덮여 있었다.
 아이는 생각했다. 어쩐지 모두가 사연 있는 차림이어서 그 얼굴이 행복으로 빛나고 있는 것 같다고. 그제야 그 많은 상처가 더 이상 쓰리지 않았다.

훗날 아이는 바다 너머에 있는 마을을 꿈꾸며 다시 길을 걸었다. 이젠 험한 길을 만나도 뒤를 보지 않고 잠시 쉼을 취하는 여유가 생겼다. 저 멀리서 익숙한 얼굴이 보였다. 그때 산을 오른다던 아이였다.

"오랜만이야. 이번엔 어디로 가는 중이니?"

그러자 그 아이는 초췌한 얼굴로 한 마디를 남기고 떠났다.

"나 바다에 가. 산에 오르는 게 그렇게 힘들 줄 알았으면 그때 진작 널 따라갈걸 그랬어."

삶을 살아가는 중에 생기는 후회란 이런 게 아닐까 싶다. 내가 선택하지 않았던 과거를 환상인지도 모르고 자꾸 매만지는 것.

사람은 겪어본 길조차도 다 알지 못하는 존재다. 그래서 늘 내가 가보지 않은 길이 아름다운 환상으로 남아 미련이 그득해지는 것은 당연한 일일지도 모르겠다. 힘이 들 때 사람은 약해지니까. 쓸모없는 생각인 것을 앎에도 갈림길을 만났을 때 선택하지 않았던 길이 그립고, 들어가 보지 않은 문이 그립다.

그러나 어떤 길을 가도 평탄할 수만은 없다. 어쩌면 선택하지 않은 그 길이 나에겐 더 괴로운 곳이었을 수도 있다. 그러니, 걷다 지쳐 괴로울 때면 조심해야 한다. 저 뒤를 자꾸 돌아보는 실수를 하지 않도록. 과거의 내 선택이 최선이었음을 믿고 힘들 땐 쉬어 가면서 찬찬히 주어진 길을 걸어간다면, 목적지에 도달하는 과정에서도 행복을 느낄 수 있게 될 것이다.

후회는 후회를 낳는다는 것. 어떤 길에 서 있더라도 달라지지 않는 이 사실만큼은 기억할 필요가 있다. 우리가 걸어온 과정은 없어도 될 것으로 치부하기엔 너무도 값지니까.

터널의 경험이 준 것

 워커홀릭이던 H가 돌연 홀로 대만 여행을 다녀오겠다는 말만을 남기고 떠났다. 그 친구답지 않은 행보였다. SNS에 그 흔한 음식이나 풍경 사진 한 장 올리지 않고 조용히 여행을 즐긴 H는 떠난 날로부터 2주가 지났을 즈음에 연락해 왔다.
 "나 돌아왔어. 만나자." 별일 없이 잘 다녀와서 다행이라 생각하면서도 갑작스럽게 여행을 떠난 이유가 무엇일까, 하는 궁금증에 빠르게 날짜를 잡았다.

 오랜만에 본 H는 조금 햇볕에 그을린 듯했고, 표정은 예상보다 밝았다. 안심한 나는 눈앞에 놓인 커피를 한 모금 마신 뒤 여행을 다녀온 사람에게 곧잘 하는 질문을 꺼냈다. "어떤 게 가장 기억에 남았어?" 그 말을 들은 H는 뜻밖에 진지한 눈빛으로 고심하다 말문을 열었다.

"터널."

범상치 않았다. 적당히 이색적인 음식이나 예쁜 관광지를 이야기할 줄 알았는데, 터널이라니. 의외의 답에 나는 왜 그곳이 가장 먼저 떠올랐는지 이유를 물었다.

"말하자면 좀 긴데, 여행 셋째 날에 타이베이 메인역에서 한 시간 반쯤 떨어진 '푸롱역'에 갔었어. 바다를 보며 자전거를 탈 수 있다더라고. 그래서 역 근처 대여점에서 자전거를 빌려 타고 바다가 보이는 마을로 통한다는 터널에 갔지. 입구 양옆에 수풀이 우거져 있어서 그런지 판타지 영화에서나 나올 법한 문처럼 생겼더라."

"터널 안은 어땠어?"

"사실 처음엔 큰 감흥이 없었어. 길이가 2km 가까이 되는데 어둡고 같은 풍경이 계속 이어지거든. 그러다 힘들고 지겨워졌을 때쯤 터널 끝이 보이기 시작해. 빛을 온몸에 받은 순간 보이는 바다가 얼마나 파랗고 예뻤는지."

 바다에 떠 있던 섬, 유난히 높았던 하늘, 터널 뒤로 보이는 산의 모습을 설명하며 '영화의 한 장면 같았다'고 감상을 전한 H는 희미하게 웃으며 말을 이어갔다.

 "이걸 보려고 그 많은 길을 지나고 터널 안을 달려왔구나. 그런 생각이 들더라."

 H는 최근 일이 잘 안돼서 스스로에게 화가 많이 났었다며, 그동안의 일을 털어놓았다. 그렇게 자책으로 무거워진 마음을 안고 도착한 여행지에서, 인생의 캄캄한 터널 속에 있는 자신을 조우하게 된 것이었다.

 책망은 바다 앞에 버려두고 자기의 손을 잡아주기로 다짐한 H는 더할 나위 없이 상쾌해 보였다.

 어두컴컴한 길을 걸을 때는 자신을 탓하기가 참 쉽다. 이곳을 지나야 하는 목적지를 선택했다는 이유로 혹은 지금 걷는 속도가 마음에 안 든다는 이유로, 잘못한 것이 없는데도 수도 없이 자책하게 된다. 그렇게 습관처럼 튀어나오는 자신에 대한 책망은 그 누가 입힌 상처보다 깊고 쓰리다. 나의 단편적인 모습만 보는 타인의 질책도 마음이 아픈데 나를 가장 잘 아는 내가 그러는 건 오죽할까.

그렇게 마음이 한없이 너절해질 때면, 기억해야 한다. 어딘가에 닿으려면 꼭 지나야만 하는 길이 있다는 사실을. 열심과 열정을 다한 내가 어려움 속에 있는 것은 나의 탓이 아니다. 과거를 떠올려 보자. 우린 이미 어쩔 도리 없이 수많은 터널을 지나 보았다. 그 과정 끝에 자리한 영화같이 아름다운 풍경도, 감격스러운 순간도 넘치게 얻어 봤다. 그리고 느꼈다. '이것을 위해 꼭 겪어야 했던 일이었구나. 내 선택과 노력이 잘못된 것이 아니었구나.' 하고.

이 경험을 마음에 새길 때, 우리는 한 치 앞도 보이지 않는 터널 안에서 간혹 넘어져도, 조금은 더디게 걷고 있어도 나를 탓하지 않고 다독일 수 있으리라.

두려움과 답답함으로 점철되는 어려운 상황에도 끝은 반드시 있다. 그리고 끝에 선 우리는 결국 터널 안의 과정까지 사랑할 수 있게 된다. 이 명확한 사실만을 믿고 자신을 격려하자. '꼭 지나야만 했던 길'이 '지날 수 있어서 다행이었던 길'이 될 순간을 고대하며.

눈물의 효험

 아이들을 가르치는 일을 하다 보면, 어른만 가득한 사회에서 겪는 일들과는 사뭇 다른 경험을 많이 하게 된다. 그중에서도 단연 기억에 오래 남는 것은 선생님이라는 명찰을 달았어도 아이들을 통해 내가 배운다는 사실을 느낀 경험들일 것이다.

 무더운 여름, 방학 글쓰기 특강을 하던 중에 있었던 일이다.
 방학 기간의 아침 햇살은 유독 포근하다. 학원을 가득 채운 책 냄새와 따뜻한 빛이 조성하는 아늑한 분위기 때문인지 오전 내내 눈을 비비며 수업을 듣던 아이들은 점심쯤이 되어서야 똘망똘망해졌다. 활력이 생겼는지 조용하던 아이들이 왁자지껄하게 떠들기도 하고 궁금한 것을 묻기도 하면서 조금씩 글을 마무리해 갔다.

돌아다니며 전반적인 진행 상황을 보고 있는데, 저쪽에 미동도 없이 한참 동안 고개를 숙이고 있는 아이가 눈에 들어왔다. '하긴 얼마나 졸리겠어.' 대수롭지 않게 생각하고 우선 다른 아이의 책상으로 향했다. 그런데 그 순간, 닭똥 같은 눈물이 교재 위로 투둑 떨어지는 것을 보고 말았다. 놀란 나는 다가가 사탕을 쥐여주고, 이유를 물으며 달랬다. 되짚어 봐도 확실한 원인을 알 수가 없어, 아이를 토닥이며 답변을 기다렸다.

그러나 아이는 끝까지 아무 단서도 주지 않았다. 나의 서툰 위로와 질문은 하나도 들리지 않는 듯, 시선을 교재에 고정하고 잠시간 더 울 뿐이었다. 그러고는 다음 수업 시간이 되자 붉어진 눈과 대비되는 후련한 표정으로 사탕을 입에 넣고 집으로 향했다.

당황해서 놀랐던 마음이 조금 진정되고 나니, 그 아

이의 행동 방식이 놀라워졌다. 아이는 누군가의 위로를 원하지 않았다. 달래주기를 바라서 운 것이 아니었다. 그저 자신을 힘들게 하는 감정을 밖으로 다 꺼낼 요량으로 조용히 눈물을 쏟아 낸 다음 산뜻하게 일어난 것이다. (후에 듣기로는 자신의 글이 마음에 안 들어서 눈물이 났다고 한다.) 의식적으로 그런 것은 아니었겠지만, 그 아이의 눈물 사용법은 나에게 아주 인상적인 기억으로 남았다.

나이가 들면 종종 눈물이 가장 필요한 순간에서도 그 효험을 부정하고 참는다. 어른답지 못하다는 생각 때문인지, 마음의 통점이 무뎌진 것인지, 눈물을 사치로 여겨서 그런 것인지… 이유는 다양하겠지만 우는 일이 현저히 적어지는 것만은 분명하다. 견디기 힘든 날에도, 혼자 있는 장소라 해도 꾹 참아내는 일이 갈수록 많아진다.

그러나 부정해서는 안 될 사실이 있다. 사람은 기본

적으로 감정적인 존재라는 것. 소위 말하는 '이성적인 사람'이더라도 울컥 차오르는 순간의 심정을 조금 더 능숙하게 감출 뿐, 그 마음속은 그렇게 차갑고 냉정한 곳이 못 된다. 그래서 어떤 감정은 마음에 묵혀두면 필히 상한다.

상한 마음을 끌어안고 살지 않으려면, 슬픔이 울컥 차오를 때 가장 먼저 억지로 틀어막던 것을 놓아야 하지 않을까. 감정을 능숙하게 다루는 것과 무작정 참는 것은 다르니까. 다른 감정은 입을 통해서도 충분히 뱉어지지만, 짙은 슬픔은 눈 밑까지 올라오게 해야 쏟아 버릴 수 있다. 이것이 눈물을 단순히 어리숙함의 상징이나, 비효율적인 감정의 폭발로 치부해서는 안 되는 이유이다.

더 이상 나오지 않을 때까지 흘려보내고 나면 보게 된다. 내가 제때 버리지 못한 슬픔이 여태껏 고여 있었다는 것을.

마음의 회복은, 잘 비워내는 것에 있다. 어쩌면 우리는 '의젓한' 어른이 되는 법보다 '잘' 우는 법을 먼저 배워야 하는지도 모른다.

마음의 고향

'고향이 어디야?' 들을 때마다 멈칫하게 되는 질문이다. 어릴 적에 이사를 자주 다녔기에 누군가가 고향이 어디냐고 물으면 항상 애매한 답을 하게 된다. 고향은 출생지인가? 아니면 어릴 적 기억이 가장 많은 곳인가? 사전적 의미가 궁금해진 나는 '고향'을 검색해 보았다. 그리고 두 문장이 눈에 들어왔다. '어떤 사물이나 현상이 처음 생기거나 시작된 곳', '마음속에 깊이 간직한 그립고 정든 곳'.

나는 첫 번째 문장이 고향이란 단어와 더 어울린다고 생각했다. 고향은 마냥 그립기만 한 대상은 아니다. 좋든 싫든 계속 돌아가게 되는 곳. 그것이 고향의 가장 중요한 특질이다. 그리고, 그렇게 우리를 꾸준히 호출하는 곳은 우리 속에 처음으로 어떤 싹을 틔웠던 장소다.

'처음'을 어떻게 잊을 수 있을까. 무언가의 시작은 늘 우리에게 큰 감정과 새로운 가치관을 남기곤 하는데. 이미 오랜 시간이 흘렀어도 일상 중에 홀연히 그곳으로 날아가 버리게 되는 건 당연한 일이다.
  계속 무의식적으로 생각이 흘러가서 머물게 되는 곳. 그런 '마음의 고향'은 누구에게나 있다.

신기한 것은, 큰 슬픔을 주었던 고난의 시절과 그 공간조차 언젠가는 '나를 살게 하는' 마음의 고향이 되고야 만다는 것이다. 가장 아프고 힘든 경험을 많이 한 곳이더라도, 혼자 드넓은 광야에 덩그러니 서 있던 것 같은 외로운 시절이었더라도, 시간이 많이 흐른 후에 떠올려 보면 그 공간을 감싸던 꿉꿉한 감정들까지 애틋함으로 치환되어 남아 있는 것을 발견하곤 한다.

몇 년 전 읽었던 책을 다시 펴서 읽을 때 이전엔 잘 보이지 않았던 새로운 문장이 와닿고, 새로운 깨달음이 오는 것을 느껴봤을 것이다. 인생이라는 책도 이와 마찬가지다. 이미 많은 어려움을 이겨냈고, 조금 더 다양한 시작의 기억이 쌓인 '성장한 나'에게 그때의 문장이 여전히 아픔으로만 와닿을 리가 없다. 당시에는 괴로워서 보지 못했던 세밀한 내용까지도 눈에 담기면서 새로운 깨달음이 생기기 시작한다.

 그래서 나는 가끔 고된 일상 중 몇 번이고 마음의 고향으로 돌아가게 되는 것이 현재를 사랑해 보려는 우리의 무의식적인 노력이 발현된 결과가 아닐까, 생각한다. 스스로 "그때처럼 이 과정도 날 성장시키겠지."라는 결론을 내리게 하려는 회상.
 가장 아팠던 과거마저 '정이 담긴' 고향으로 만들어 버릴 정도로 성장한 우리에겐 그 기억을 거름 삼아 현실의 어려움을 다르게 해석할 힘도 있을 테니까.

그러니, 나를 매섭게 괴롭혔던 과거도 너그럽게 봐줘야 할 필요가 있다. 고군분투해온 나를 위로하고 시절에 대한 미움을 걷어내면, 더 빨리 느끼게 될 것이다. 그때 내 인생에 새겼던 새로운 문장이 오늘의 어려움을 겪는 나를 따뜻하게 품어주는 온기를. 이제는 괴로움을 담고 있지 않은 내 삶의 아름다운 문장들을.

미움이 끓어 넘치지 않게

 오랜 시간을 살아온 것이 아니더라도, 생각만 해도 싫고 미운 사람이 한 명쯤은 있기 마련이다. 그런 사람은 대부분 아주 가까운 관계여서 수시로 내 일상에 들어와 내가 열심히 가꾼 하루를 밟고 헤집어 놓는다. 그런데 그것보다 더 속상한 건 그 사람에 대한 '미움'이 오랜 시간 나를 망친다는 점이다. 이 주제에 대해 논하고자 하면 꼭 떠오르는 기억이 있다.

 내가 고등학교에 갓 올라갔을 즈음에 있었던 일이다. 엄마는, 표현하자면 겉으로는 작고 아담한 체구를 가지고 있지만, 내면의 몸집은 장군감인 사람이다. 그런 엄마에게 전례 없는 큰 고비가 왔다. 그동안의 헌신과 노력이 물거품이 될 정도로 사람에게 크게 배신감을 느낄 일이 있었던 것이다. 그 일로 아빠와 나는 노발대발했고, 엄마는 티는 잘 내지 않았지만 보기 드물게 축 처져 있었다.

그 일이 있고 나서 며칠이 흘렀다. 여전히 그 문제에 사로잡혀 있던 나는 물을 끓이고 있던 엄마에게 넌지시 물었다. 어떻게 하기로 했냐고. 그랬더니 엄마는 표정도 변하지 않고 예상외의 말을 툭 내뱉었다.
"뭘 어쩌겠어. 죄가 밉지, 사람이 밉나."
나는 이미 엄마를 괴롭게 한 사람에 대한 미움이 가득했기에 그렇게 빨리 화가 식은 엄마도 이해가 안 되었다. 치기 어린 마음에 "사람도 미운데, 나는."이라고 중얼거렸지만, 엄마는 걱정하는 딸의 마음을 아는지 모르는지 킥킥 웃으면서 네 얼굴이 이 주전자같이 달아올랐다며 나를 놀렸다.

지금 생각해 보면 엄마는 그 사람을 미워하는 것이

의미가 없다는 걸 알려주고 싶었던 것 같다. 당사자인 엄마보다 더 그 사람을 원망했던 나는 아무것도 할 수 없는 것을 앎에도 화가 났고 며칠을 더 끙끙댔으니까. 나의 소중한 시간들을 미움으로 꽤 오래 망친 후에야 난 알게 되었다. 그 사람의 잘못인데도 왜 내가 마음을 다루기 위해 노력해야 하는 것인지.

분노나 미움은 '끓는 물' 같은 것이기 때문이었다. 불을 켠 사람은 멀쩡한데 그 미움이 확 올라와 넘치게 두면 온몸에 흐르고 묻어 고생하는 것은 바로 '나'다. 미움은 그 사람이 아닌 달아오른 주전자가 된 나의 마음에 담겨 있으니까.

그런 이유로, 미움이 생기면 해야 하는 일은 명확하다. 그 사람을 그토록 원망할 필요도 없고, 대단한 용서를 하려고 애쓰면서 단번에 원망을 떨쳐 내지 못하는 나를 미워할 필요도 없다.

그저 미움이 확 끓어오를 때마다 넘치지 않도록 뚜껑

을 열고 불을 낮추면 된다. 마음에 와닿지 않더라도 스스로 들을 수 있도록 "죄가 밉지, 사람이 밉나." 혹은 "미워해 봐야 어쩌겠어."라고 되뇌면서. 그러다 보면 언젠가는 나에게 큰 화상을 입히지 않았음에도 그 미움이 충분히 증발해 있는 것을 분명 느끼게 된다.

 지금 머릿속에 떠오른 그 사람이 당신에게 얼마나 큰 아픔을 주었는지는 알 수 없지만, 마음속에 찰랑이는 원망과 분노가 끓어 넘쳐서 행복을 찾으며 열심히 살아내는 당신을 망치는 일은 없었으면 좋겠다.

 미움을 산 사람은 몇 년이 지나도 변하지 않지만, 미움을 버린 사람의 삶은 확실히 달라진다.

시야를 좁히는 성패(成敗)

 벌써 10년도 더 된 일이다. 이따금 찾아오는 감기 같았던 삶이 극심해져 불치병처럼 앓았다. 하루가 또 시작되는 것이 괴로운데도 잠은 왔다. 바스락거리던 베갯잇 소리가 멎으면 낮은 베개 밑에 깊은 못이라도 있는 듯 빨려 들어 눅진한 꿈속으로 가라앉았다.

 그렇게 가라앉은 날이면, 늘 똑같은 꿈을 꿨다. 자세를 바꾸고, 베개를 이리저리 돌려봐도 어김없이 같은 골목 앞에 서 있었다. 주황색 불빛의 가로등이 띄엄띄엄 서 있는 좁은 골목, 불 켜진 집도 사람도 없는 밤에 손에 든 것도 없이 서 있는 나는, 늘 아는 사람과 아는 장소를 찾아다녔다.

그러다 결국 내가 아는 그 누군가의 행방도, 집이 있는 방향도 찾지 못한 채 꿈에서 깨고 말았다. 더 속상했던 것은 꿈에서 깬 후 전혀 안도감이 들지 않았다는 점이었다.

모든 시간과 노력과 애정을 쏟았던 것을 포기하는 행위는 자기 자신을 버리는 것과 동일하게 느껴진다. 그래서 난 나의 진로 앞에 놓인 큰 벽 앞에서 이도 저도 못 하고 관성처럼 계속 걷기만 했다. 이제 와서 그 꿈을 생각해 보니 나는 스스로 인생의 조난자처럼 느끼고 있었던 것 같다.

사람은 때때로 자기 고집을 꺾는 것이 가장 어렵다. 그런 증상을 겪어도 삶의 방향을 다시 찾을 때가 왔다는 사실을 인정하기까지 참 오래 걸렸다. 그런데 걱정한 시간이 아까울 정도로, 그동안 손에 붙들고 있던 것을 놓자마자 안개가 걷힌 것처럼 상쾌해졌다. 그리고 이전에는 보이지 않던 다른 길이 눈에 들어오기 시작했다.

그 후로는 이전보다 순조롭게 그동안 경험하고 느꼈던 것을 지팡이 삼아 걸으며 잘 살아가고 있다. 물론 순탄한 길도 있지만, 여전히 수도 없이 넘어지고 방향을 틀고 샛길을 발견하기도 하면서.

우리는 세상에는 정답이 없다고, 성공한 삶이 따로 있는 게 아니라고 말하면서도, 무의식적으로 성공의 기준을 정해두고 좇는다.

그러나, 당장 지금 뒤를 돌아보아도 알 수 있듯이, 인생이란 그렇게 성공과 실패를 논할 만큼 간단한 모양새가 아니다. 아스팔트가 깔린 큰 도로보다는 구불구불한 미로에 가까우니까. 그런 길에서 답이 없는 장애물을 앞에 두고 이쪽으로 가야만이 성공이라 외치며 몸을 던지면 많은 가능성을 놓칠 수밖에 없다.

언젠가 운전을 하던 중이었다. 실수로 길을 잘못 들었더니 내비게이션이 단호하게 말했다. 경로를 재설정하겠다고. 어떻게든 길을 찾아서 목적지에 도달시키고야 말겠다는 기계음이 기특하게 들리다가 갑자기 섬뜩해졌다. 가장 힘들고 지쳤을 때 내가 나에게 수도 없이 반복했던 말 같아 일순간 소름이 끼친 것이다.

어떤 고난이 있어도 내가 설정한 목표 지점에 가겠다는, 이미 드러나 보이는 길만이 길이 된다는 고집. 그런 고집은 열정과는 다르다.

아무도 끝을 모르는 미로 같은 인생에 내비게이션을 둔다는 것은 얼마나 위험한 일인가. 바로 앞에 무엇이 있는지도 알 수 없어서, 그때그때 나아갈 방향을 찾으며 걸어가는 과정이 바로 삶인 것을.

나는 요즘도 성공과 실패라는 단어가 나를 겁박하며 시야를 좁힐 때면, 다시 한번 되새긴다. 삶에는 경로 이탈도, 한 목적지만을 위한 경로도 없다는 사실을. 모든 발걸음이 다 내 삶을 그려나가는 소중한 과정일 뿐이니까.

세상은 원래 험하니까

젊음의 생기를 붙잡고 싶은 욕망, 오래 살고 싶은 욕망은 다양한 상상으로 구현되며 아주 오랫동안 인간을 매료해 왔다.

내가 학생일 때까지만 해도 '불멸'이란 꽤 좋은 이미지로 문화 콘텐츠에 많이 사용되곤 했다. 영원히 늙지 않고 아름다운 뱀파이어의 사랑 이야기라든가, 죽지도 않는데 대단한 초능력까지 가지고 있는 존재의 이야기라든가.

그런데 어느 순간부터 불멸의 소재로 '좀비'를 이용한 콘텐츠가 많아지고 크게 인기를 끌기 시작했다. 좀

비라는 것은 설정 자체가, 생명을 잃고 썩어가는 육신만 남은 채로 또 다른 희생양을 찾는 일만을 반복하는 그런 존재 아닌가. 유행이야 원래 큰 이유가 없이 생기는 것이기도 하지만, 현시대 불멸 소재의 대표주자가 좀비라는 것은 상당히 흥미로웠다.

불멸이 피하고 싶은 괴물로 거듭 형상화되는 것은, 세상에 대한 사람들의 부정적인 시선 때문이 아닐까. '오래 사는 건 둘째 치고 지금도 사는 게 너무 어렵다. 내일도 막막하다.' 그런 현대인들의 생각이 들려오는 것만 같다.

한창 '좀비물'이 유행했을 때 인터넷에서 돌던 우스갯소리가 나의 짐작에 힘을 실었다. "좀비가 생겨도 매일 좀비 알림 앱이나 재난 문자 확인하고 잘 피하면서 출근하지 않을까." 처음 들었을 때는 웃겼는데, 곱씹을수록 씁쓸함만 감돌았다.

막막하고 힘들어도 살아내야만 하는 고단함. 교양 강

의에서 들었던 그리스 신화의 '시시포스' 이야기가 떠오른다. 코린토스의 왕이었던 시시포스. 그는 교활하기로 유명한 사람이었는데, 꾀를 부려 죽음까지 피했다는 이유로 무거운 바위를 산 위로 밀어 올리는 형벌을 받아 영원히 반복했다는 이야기다.

왜 이런 이야기를 만들었을까? 바위가 산 밑으로 떨어질 것을 알기에 허무해하면서도 그만두지 못하고 계속 돌을 굴리는 인간. 인생을 이런 이야기로 비유하면서 형벌이라 명한다면, 난 그것에 동의하지 않는다. 세상이 문제투성이라는 진실을 받아들이는 것과 비관적인 허무주의는 다르다.

바위가 떨어질 것을, 또 반복해야 할 것을 알면서도 날마다 험한 산을 충실히 오르는 것. 연약한 인간이 할 수 있는 것 중 그것만큼 갸륵한 행위가 있을까?

그 옛날도 지금도 세상이란, 노력이 빛을 발하지 않을 때도 있고, 이유도 없이 안 좋은 일이 덜컥 생기기도 하는 험한 곳이다. 그러니 언젠가 하나의 문제를 해결해 내면 또 다른 문제가 생길 것이라는 사실도 우리는 알고 있다. 바위가 산 밑으로 떨어질 것을 인지하고 있듯이.

그렇게 때때로 괴롭고 허무한 인생이지만, 그만두지 않고 계속 돌을 굴리듯 살아내고 있다는 것. 그 와중에 틈틈이 기쁘고 감사한 일을 찾아내기도 한다는 것. 그것만이 중요한 사실 아닐까?

문제투성이인 세상, 우린 충분히 잘 걷고 있다.

불행에는 가속도가 붙는다

"그거 알아? 슬퍼지는 건 순식간에 가능해."

취미로 연극 활동을 하던 친구는 이따금 막을 여는 대사를 하듯 의미심장한 말을 하며 흥미를 유발하곤 했다. 뒷이야기를 궁금해하는 나의 반응을 본 친구는 의기양양하게 말을 이어갔다.

"'난 지금 슬프다'라고 주문을 넣잖아? 그러면 처음엔 오늘 떡볶이를 못 먹은 게 조금 슬펐을 뿐인데, 요즘 들어 다이어트를 시작한 게 슬퍼지고, 갑자기 살이 찐 게 슬퍼지고, 식욕을 샘솟게 한 스트레스 받는 일이 떠오르는 거야. 그럼, 그 일을 회상하면서 울컥하는 감정을 대사에 녹이면 마무리되는 거지."

'요즘엔 슬픈 감정을 많이 끌어 올려야 하는 내용을 연습 중인가 보구나.' 진지하면서도 웃음기가 살짝 어린 표정으로 자신의 연기 팁을 전수하는 친구에게 나는 오늘은 떡볶이를 꼭 먹자고 웃으며 말했다. 재밌어하며 설명하는 친구의 말을 계속 듣다 보니 문득 그런 생각이 들었다.

'그러네, 불행에는 가속도가 붙곤 했지.'

 원인 모를 우울감이 왔을 때를 떠올려 보았다. 높은 언덕 위에서 한번 툭 밀었을 뿐인데 점점 속도가 붙어 어느샌가 저 밑에 도달해 있는 구슬처럼, 마음이 지친 날 찾아온 불행은 한번 인지하기 시작하면 끝도 없이 나를 밑바닥으로 가라앉혔다. 모든 것이 슬픔의 원인이라도 되는 듯이. 그 흐름을 빨리 멈추지 못했을 때는 과거를 되짚고 올라가며 소중한 기억들까지도 우울한 색으로 물들이게 되곤 했다.

 예고 없는 습격을 즐기는 '슬픔'을 막는 것은 쉽지 않다. 그러나 그 일뿐만 아니라 모든 것을 불행으로 여기고 있는 나의 모습을 보게 되면 내가 어디까지 왔는지 되짚어 봐야 한다. 지금 나를 괴롭히는 그 일이 속상했을 뿐인데, 일이 일어난 장소에 간 것까지 후회하고 있거나, 그 일과 관련된 사람을 만나게 된 것까지 후회하고 있지는 않은지. 나의 모든 과거의 선택을 짚어보며 다 불행의 씨앗이었다고 낙인찍고 있지는 않은지 말이다.

그렇게 슬픈 일이 닥쳐왔을 때 '잘 멈추는 것'이야말로 나의 과거에 대한 예의를 지키면서, 오늘의 행복을 사수할 수 있는 가장 좋은 방법이 아닐까. 물론 그 불행의 빠른 속도를 상쇄시키고 붙잡는 것은 말처럼 쉽지 않아, 부단히 노력해야 하겠지만. 아, 어쩌면 인생의 슬픈 장면은 그저 언제라도 빠져나올 수 있는 연극이라 여겨도 나쁘지 않겠다.

그날 친구의 마지막 말이 기억에 남는다. "슬픈 연기가 끝나면 찝찝한 기분을 다 쓸어 버릴 정도로 행복한 생각을 마구 모아야 해. 빠르게 빠져나와야 그날 밤까지 우울해하지 않을 수 있거든."

스스로 가엾게 여기지 말 것

 나는 머릿속이 복잡할 때면 청소를 한다. 잘 정리된 방을 보면 머릿속도 정리된 것처럼 느껴져서일까. 답답하거나 고민이 있을 때면, 손이 항상 먼저 나가 무언가를 정리하고 있는 내 모습을 발견하게 된다. 그리고 수험생 시절 그러한 습관이 가장 자주 불쑥 등장하곤 했다.

 하루는 공부 중에 한 문제를 가지고 1시간을 씨름한 적이 있었다. 나는 터질 듯한 감정을 가라앉히기 위해 어김없이 청소를 시작했다. 언젠가부터 거슬리기 시작했던 서랍을 정리하려고 모든 잡동사니를 꺼냈는데 어디서 많이 본 것 같은 낡은 상자가 나왔다. 옆이 다 으

그러진 그것은, 내가 어릴 적 아끼던 물건들을 모으던 상자였다. 갑자기 옛날에 이 속에 담긴 것들을 조심히 꺼내 보기도 하고 고이고이 간직했던 기억이 나, 설레는 마음으로 뚜껑을 열었다.

그 안에는 잉크가 거의 닳은 볼펜, 공책 낱장을 접은 쪽지들, 만화 캐릭터 딱지, 누군가가 직접 만든 팔찌, 작은 수첩이 들어 있었다.

쓸모를 알 수 없는 물건들. 이걸 용케 아무도 버리지 않았다고 생각하며 나는 꼬깃꼬깃한 쪽지를 펼쳤다. 초등학교 3학년 때 친구들과 주고받았던 일기였다. 오랫동안 잊고 살았던 이름들을 보니 그 시절의 향이 풍겨오는 듯했다. 관련된 기억을 하나둘 꺼내며 잠시 추억에 잠겼다.

틀린 맞춤법과 시시한 내용까지도 소중한 기록이 될 거라는 사실을, 아마 어렴풋이 알았나 보다. 일기를 쓰고 추억을 남기는 일을 숙제보다도 열심히 했었으니까.

그렇게 모은 것들을 타임캡슐에 담아 학교 운동장에 묻자고 했던 우리는 묻지도, 파보지도 못할 거라는 사실을 어느 순간 예감해 버렸다. 그래서 학년이 끝날 무렵 몇 장씩 일기를 나누어 가진 것이었다. 각자의 소중한 장소에 보관하기로 진지하게 약속하면서. 쪽지와 함께 있던 물건들은 그 친구들이 내 옆에 있었다는 증거물이었다.

처음에 보았을 때는 그야말로 잡동사니라고 생각했는데, 흐려졌던 기억에 쌓인 먼지를 찬찬히 닦다 보니 왜 그 상자를 귀히 여기고 종종 꺼내 보곤 했었는지, 어렸던 나의 마음을 기억할 수 있었다. 비록 쓸모가 없을지라도 마음과 기억이 담긴 것은 절대 하찮지 않다. 어쩌면 그 무엇보다도 귀하다.

사람은 노력을 쌓아온 만큼 성과가 나오지 않았다는 것을 깨달을 때, 다른 사람들의 평가로 나를 정의하는 우를 범하곤 한다. 자신이 가진 것이 전부 쓸모없는 잡동사니인 듯, 가엾고 초라하게 바라보는 그 시선에 동조하면서.

그러나, 내가 만들어온 과정은 당연하게도 나만이 그 의미를 안다. 그것들을 타인이 무용한 것이라 여길수록 나에게는 무엇보다도 값진 것들이라는 사실을 다시금 떠올려야 하지 않을까.

이미 연락이 끊어진 지 오래인 어릴 적 친구들과의 추억조차 마음이 찡하게 소중한데 내가 쌓아온 노력들이 얼마나 귀한 것으로 남을지는 두말할 필요도 없을 것이다. 시간이 갈수록, 찍어서 운 좋게 맞춘 한 문제보다 1시간을 고민하며 풀었던 노력이 귀해지고, 1등급짜리 답안지보다 1등급까지 오게 한 오답 노트가 귀해진다. 대학 때 받은 성적은 기억나지 않아도 밤새 매달려 새벽 5시에 보고서를 완성해 냈을 때의 희열은 기억난다.

그렇게 생각 외로 우리를 지탱하는 것은 눈에 보이

는 성과가 아니라 마음이 담긴 기억들이다. 흡족한 결과를 내지 못해 좌절할 때야말로 그 소중한 과정들을 볼 줄 알아야 한다. 뒤를 돌아보면 타인이 알지 못하는 귀한 기억들이 셀 수 없을 정도로 많이 쌓여 있으니까. 우린, 절대 초라하지도, 가엾지도 않다.

열어보면 다 비슷해

"언니, 우리 어릴 때 봤던 만화들 있잖아. 거기 나오는 주인공이 철없어 보이고 어른 캐릭터들이 이해되기 시작하면 어른이 된 거래."

동생은 어릴 때 같이 보았던 만화 캐릭터들의 이름을 대기 시작했다. 그런지도 모르겠다. 천진하고 매사에 도전적인 주인공의 행보보다 냉소적이며 이성적이고 안정을 추구하는 어른 캐릭터의 행보가 우리가 살아가는 세상에는 더 적합해 보이니까. 그래서 어릴 적엔 비호감을 넘어 악역같이 보이기도 하던 어른 캐릭터가 나이가 들수록 이해되고 애잔하게 느껴지나 보다.

문득 궁금해져 검색해 보았다. '어른'은 '다 자라서 자기 일에 책임을 질 수 있는 사람'. 반대말에 뜬 '아이'를 눌렀더니 단순히 '나이가 어린 사람'이라고 나왔다. '어른'은 사전적인 의미 역시 묘하게 무겁다. '책임'이란 말은 어쩔 도리 없이, 녹록지 않은 현실에 대한 이해와, 천진하고 낙천적인 것과는 거리가 먼 사고방식을 포함하기 때문일까. 왠지 책임의 무게를 아는 어른 캐릭터의 냉소적인 목소리가 귓가에 들리는 듯했다.

그런데 참 재미있는 것은 만화영화 속 주인공의 모습을 추구해야 한다고 주장하는 것도 현실을 잘 아는 '어른들'이라는 점이다. 사실, 만화도 교과서도 위인전도 모두 어른들의 손에서 탄생한 것이 아닌가. 그 속에는 가능성이 희박해도 포기하지 않는 '열정', 세상을 크게 바꾸는 '도전', 나보다 다른 사람을 생각하여 선택하게 되는 '희생'처럼 현실에서는 경험하기 어려운 가치들이 가득하다. 그리고 그것은 꼭 좋은 열매를 맺는다.

아마, 아이들이 우리가 배워온 '평범한' 가치들이 교

과서, 만화 속에서나 흔한 것이라는 사실을 알게 되더라도, 올바른 방향과 긍정적인 태도를 잃지 않길 바라서 그런 것일 테다. 그 희소한 가치를 추구하는 사람만이 세상을 바르게 발전시킬 수 있으니까.

 그렇게 생각해 보면, '어른'이란 동화 같지 않은 세상 속에서 동심은 사라졌어도, 동화적인 가치를 지향하며 살아내는 존재를 말하는 것인지도 모른다. 대단하게 멋진 이상적인 상태의 인간도, 세상에 도가 터서 언제나 무던한 사람도 아닌, 이리저리 풍파에 휘둘리고 때로는 좌절하면서도 절대 중요한 것을 놓치지는 않는, 그런 사람.

 그러니, '어른'이라는 단어에 깃든 환상. 그것을 조금 걷어낼 필요가 있다. 간혹 느꼈을 테다. 내게 주어진 환경 안에서 충분히 열심히 살아가고 있는데도 '만화와 교과서에 녹아 있는 모습대로 완벽하게 살아가는 사람도 있지 않을까.' '나만 이렇게 어린이도 어른도 아닌 사춘기 상태에 멈춰 버린 것은 아닐까.' 하는 생각이 피어오르는 것을.

인생의 문제에 지친 순간이면 특히, 타인의 삶의 테두리만을 훑으면서 나의 것과 비교하고, 내 세상과 나만 이렇게 초라하다고 괴로워하게 되지만, 시선의 깊이를 조절해 보면, 알게 된다. 열어보면 다 비슷하다는 걸.

나에게 이상적인 가치라면 다른 누군가에게도 마찬가지다. 세상 곳곳에, 혹은 누군가의 삶에 이미 편재해 있다고 착각하지 말자. 노력해야만 조금이라도 가까워질 수 있어서 다들 고군분투하며 살아가는 것이 아니겠는가.

낙천보다 냉소가 쉬워졌음에도 여전히 어린이의 용기를 꺼내 살아가는 우리는 스스로 격려할 필요가 있다. 동화의 가치를 추구하는 어른의 삶엔 한탄보다 위로가 더 유용한 법이니까.

제3부

나의 오늘을 사랑하기

포근했으면 하는 마음

어릴 때 친척 집에 가면 주로 들어가 놀던 작은 방에 제임스 카메론 감독의 영화 <타이타닉>의 포스터가 걸려 있었다. 그저 낡고 스크래치가 가득한 사진일 뿐인데 필수품인 벽걸이 시계마저 그 포스터에 자리를 내어주고 있다니, 이상했다.

이것이 방의 한 면을 다 차지해야 할 정도로 큰 의미가 있는 것인지 궁금했던 나는 아빠에게 어떤 영화냐고 물어보았다. 아빠는 여러 말을 삼키며 고민한 후 "침몰하지 못한 위대한 사랑에 관한 이야기야."라고 답하였다. '위대한 사랑?' 사랑이라는 것에 아직 관심이 없었기에 문자 그대로 받아들이고 바로 다른 것에 시선을 두었던 것 같다. 그게 그 사진에 대한 마지막 기억이다.

  시간은 빠르게 흘렀다. 갓 성인이 되었을 즈음, 나는 문득 사랑이라는 주제에 대해 생각해 볼 시기가 되었다고 느꼈다. 그러자 놀랍게도 기억 저편에 박혀있던 포스터가 반사적으로 떠올랐다. 즉시 영화 제목을 검색했다. 영화 메인 사진 밑에 놀라운 정보가 보였다. "195분…?" 3시간이 넘는 영화라니. 사랑 이야기를 그 정도의 시간을 들여서 봐야 할까, 잠시 고민했지만, 그 방의 모습이 머릿속에서 떠나지 않았던 나는 결국 재생 버튼을 눌렀다.

  그리고 정신 차려보니 엔딩 크레딧이 올라가고 있었다. 영화는 흥미롭게도 내 모든 예상을 빗나갔다. 젊은 연인의 사랑 이야기에만 집중한 것이 아니라 세상의 축소판인 배 안에서 다양한 인간과 삶의 모습을 보여주고 있었고, 주인공들의 사랑은 내 예상보다 훨씬 짧은 시간 동안 생겨난 것이었음에도 절절했다.

현실에서 보기 힘든 낯선 모양의 사랑. 낯설어서 더 고결했던 그 장면들이 머릿속에 남아 있던 많은 영화를 밀어내고 한 면을 차지했다. 그 방의 사진처럼.

종천지모(終天之慕). 이 세상이 끝날 때까지 계속되는 사모의 정. 그 후로도 여러 번 보았지만, 난 이 영화를 볼 때면 으레 이 말이 생각났다.

아빠의 표현처럼 배가 심연으로 침몰해가는 와중에, 끝까지 파손되지도, 가라앉지도 않았던 것은 생의 끝까지 절절했던 '사랑'이었다. 많은 생각이 스쳐 갔다. 진짜 저런 사랑이 있을까?

현실에서는 이렇게 강렬한 끌림의 역사를 지닌 연인들은 많지 않을 터인데, 그렇다면 사람들은 각자 무엇을 단서로 '사랑'이라는 걸 깨닫게 될까. 어떤 모양의 사랑을 경험하며 살아갈까. 얼마나 깊이 사랑을 느낄까. 사랑은, 무엇일까.

사실 한 연인의 애정에도 다양한 모습이 있어, 정의하기 시작하면 끝도 없을 것이다. 질문만 많던 그때와 달리 사랑에 대해 나름의 정의를 이야기할 수 있게 된 지금, 이것이 사랑이라고 망설임 없이 이름 붙일 수 있는 한 장면을 적어보려 한다.

남편과 연애하던 시절, 여느 주말처럼 데이트를 하고 헤어지는 길이었다. 나를 집 앞에 데려다준 남편은 잠깐 머뭇거리더니 옅게 미소 지으며 말했다.
"있잖아. 집으로 선물 보냈어."
"고마워. 근데 왜? 특별한 날도 아닌데."
조금 놀라워하며 묻는 나에게 남편은 그냥 필요할 거 같았다는 말만을 남기고 홀가분한 모습으로 돌아갔다. 뭐가 필요해 보였을까? 궁금증을 뒤로하고 살아가던 어느 날 아침, 문 앞에 남편이 보낸 선물이 와있었다.

아주 커다란 부피에 놀라며 포장을 벗겨보니 그것은 솜사탕 같은 이불이었다. 나는 조금 의아했지만, 선물을 잘 받았을지 궁금해할 남편에게 전화를 걸어 고맙다는 인사를 전했다. 이불이 정말 폭신하다는 감탄의 말과 함께. 그러자 남편은 기뻐하며 이렇게 말했다.
"네 방 웃풍이 든다길래 보냈어. 안 그래도 자다가 잘 깨는데, 포근하게 푹 잤으면 해서."

그렇게 서늘한 계절을 제법 따뜻하게 보내고 여름이 되자, 남편은 자기가 써봤는데 이게 제일 좋다며 얇고 보들보들한 이불을 장만해 들고 왔고, 태풍이 분다는 예보를 본 날이면 내가 제대로 못 잘까 봐 왔다며, 창문에 엑스자로 테이프를 붙여주곤 했다.

그런 남편을 보고 있으니, 머릿속에서 그 영화의 한 장면이 재생됐다. 나의 시선을 완전히 사로잡았었던 그 부분은 생의 끝에 섰음을 예감한 사람들이 나의 자식이, 연인이 평안하길 바라는 마음에 이불을 덮어주고 안아주며 말을 건네던 장면이었다.

삶의 여정 속에서 침몰의 위기를 겪고 있을지라도 내 옆의 이 사람이 포근했으면 하는 마음, 아늑하게 잘 자고 그 밤의 기운이 아침까지 이어졌으면 하는 마음, 힘든 하루의 끝과 내가 옆에 없을 다음 날이 평안하길 바라는 마음. 그것이야말로 사랑이 아닐까.

누군가 '사랑'이라는 단어를 입에 머금었을 때 가장 먼저 떠오르는 것이 무어냐고 물어온다면 이제 주저 없이 말할 수 있을 것 같다.

사랑은, 포근했으면 하는 마음이라고.

마음의 옷

 인터넷 쇼핑을 하다가 옛날 드라마에서나 나오던 옷들이 가득한 것을 보았다. 이 스타일이 진정 다시 인기를 얻은 것인지 조금 의문스러웠지만, 잠깐 일을 보러 나간 번화가에서 눈으로 확인해 버렸다.

 몇 개월 전까지는 거의 찾아보지 못한 느낌의 옷을 걸친 사람들 덕에 약 20년 전의 길거리를 걷는 듯한 착각이 들었다. '패션은 돌고 돈다더니.' 문득 '유행'이라는 것이 흥미롭게 느껴졌다.

 요즘은 아무래도 SNS가 큰 영향을 미치기 때문에, 사람들의 호응을 많이 받은 아이템이나 연예인들의 패션이 자연스레 폭발적인 인기를 얻게 된 것처럼 보이지만, 사실 그것도 유행이 바뀌는 본질적인 원인은 아니다. 무엇이든 간에 당시 사람들의 무의식적인 요구를 충족하는 장점이나 매력이 있어야 유행의 흐름을 타게 된다.

 이전에 책에서 읽었던 디자이너들의 이야기가 생각났다. 패션계에 몸담은 내내 쭉 간소하고 편안한 옷을 추구했던 '코코 샤넬'과 여성미를 강조하며 아주 화려한 옷을 만들었던 '크리스티앙 디오르'.

 샤넬의 옷이 대단한 인기를 끌었던 가장 큰 이유는 당시 몸을 조이는 코르셋과 치렁치렁한 장식들로 불편했던 여성들을 해방하여 만족감을 주었기 때문이었다. 갑자기 터진 전쟁에 참전한 남성들 대신 여성들도 활동할 일이 많아지며 편한 옷이 필요해졌다는 시대의 수요도 있었다.
 디오르의 옷은 종전 후 샤넬과는 정반대의 스타일을 원하게 된 사람들의 마음을 사로잡았다. 그동안 편한 옷만 입었던 사람들에게 디오르의 디자인은 선망의 대상이 될 수밖에 없었다. 재밌는 일이다. 아마 샤넬의 옷이 주도권을 잡았던 시대에서는 상상도 하지 못했을 테다. 유럽의 전통 여성복을 떠올리게 하는 디오르의 옷이 '뉴 룩'이라 칭송받으며 다시 유행하게 될 줄이야.

그렇게 시대의 갈망을 알아차린 디자인이 대중에게 선택받고, 쇠하고, 다시 선택받는 과정은 계속 반복되고 있다. 지금까지도. 그리고 그것은 '편의'와 '화려함' 사이에서 줄타기하는 것과 다르지 않다.

생각해 보면 비단 몸에 걸치는 스타일에만 국한된 이야기는 아닌 것 같다. 사람의 마음도 옷을 입으니까. 그 옷은 인간관계 때문이든 자신을 둘러싼 상황 때문이든 사람이 어떤 이유로 괴로워 주저앉았을 때, 온갖 얼룩이 묻은 상태가 된다.

그걸 인지하게 되면 한번 갈아입어야겠다는 생각이 드는 게 당연한 순서다. 그래서 우린 마음을 다잡고 다시 일어서기 위해, 새로 입을 옷의 재질을 무어로 할 것인가, 디자인을 어떻게 할 것인가 고민하며 나에게 도움이 될 만한 강의를 보기도 하고 책을 읽기도 한다.

그런데 흥미로운 점은 그 마음의 디자인이라는 것도 유행하곤 해서, '나의 편의'와 '다른 사람들이 볼 때의 아름다움' 사이에서 줄타기를 한다는 것이다.

내가 어릴 적만 해도 '타인이 볼 때의 아름다움'을 강조하며 아무리 힘들어도 인내하는 것, 잠시 방황하고픈 욕구를 누른 채 무언가를 이뤄내려 노력하는 것이 최고의 미덕이자 누구라도 "예쁘네!"라고 하는 마음의 디자인이었다.

그런데 어느 순간부터 정말 힘들면 가족이더라도 끊어내고 그 원인과 최대한 거리를 두고 나를 먼저 지키라는 '나의 편의'에 최적화된 디자인이 유행하기 시작했다. 그리고 옷의 유행이 그렇듯 이 마음가짐의 유행에도 날개가 달리더니 극단을 향해 날았다. 나를 지키는 것을 넘어 내가 최고라 여기며 타인을 업신여기거나 배척하는 사람들의 모습도 많이 보였다. 지금도 이 유행은 완전히 종식되지는 않은 것으로 보인다.

언젠가 나를 지키는 것이 가장 최우선으로 취급되는 이 유행이 끝나면, 인내와 이해의 중요성을 논하며, 다른 사람이 볼 때도 아름다운 마음을 추구하자는 유행이 또 시작될지도 모르겠다.

나는 그 두 가지 스타일 사이에서 많이 고민했지만, 역시 무엇 하나만을 정답이라 말하기는 어려운 것 같다. 마음의 디자인에서만큼은 유행을 따르기보다 자신의 상태를 보고 적절한 새 옷으로 그때그때 갈아입는 게 가장 좋은 방법 아닐까.

사실 몸이든 마음이든 옷을 입을 때는 특정한 상황 속에 놓인 자신에게 잘 맞는 스타일을 찾아 입고, '관리'에 힘쓰는 것이 가장 중요하다. 아무리 좋은 옷, 예쁜 옷이더라도 험한 세상을 살다 보면 오염될 수밖에 없으니까. 그것에 너무 오래 마음 아파하지 않고 적절한 대처로 깨끗하게 되돌리는 행위가 가장 중요한 것이다.

 오염되는 것은 어쩔 수 없는 일이지만 그것을 지우고 관리하는 일은 오롯이 나에게 달렸다. 나에게 맞는 마음의 디자인을 찾았다면 관리를 위해 노력하자. 매일 적절한 해소로 달래고 건강한 마음가짐으로 회복하려는 노력을 기울이는 것이 우리의 마음을 가장 아름답고도 깨끗하게 지키는 방법일 것이다.

분노에 대하여

　세상은 알수록 신비하다. 사람이란 그 속을 자신도 다 모를 정도로 커다란 하나의 세계를 품고 있는 존재인데 그런 사람이 수십억 명 모여 살고 하루에 스치는 인원만 해도 몇십 명 몇백 명은 가까이 되니까. 이 세상 속에 살아가는 사람이라면 누구든 하루에도 몇백 개의 세계를 알게 모르게 스쳐 갈 뿐 아니라 서로 초대하거나 초대받고 있다.
　그런데 이런 인간관계 즉, 다른 세계로의 초대가 항상 즐겁고 기쁜 일만 가득한 건 아니라는 사실이 문제다.

　하루는 친구가 그런 말을 했다. 날이 갈수록 사람을

만나고 알아가는 일이 버거워진다고. 그 말을 듣자 요새 왜 그렇게 '번아웃'이라는 주제가 사람들 입에 많이 오르내리는지 알 수 있었다. 번아웃은 일시적인 피로가 아니라, 에너지가 모두 닳아버려 무기력 상태에 빠진 것을 말한다. 그렇다면 인간관계에서 번아웃 상태가 되는 이유는 무엇일까. 다양한 관점이 있겠지만, 나는 그 무기력함이 분노 때문에 찾아온다고 생각한다.

분노는 대부분 "나는 안 그러는데 저 사람은 왜 그러는 거야?"라는 질문에서 시작된다. 내가 통제하지 못하는 환경과 사람이 나의 세계에 어긋나는 행동을 할 때 힘겨워지는 것이다. 내가 열심히 가꾼 꽃밭을 구경하러 오겠다더니 마구 짓밟고 다니면 누군들 화가 나지 않을까. 분노는 그렇게 생긴다. 나의 법칙을 마구 거스르고 표정 하나 변하지 않는 타인을 보면서.

그래서 화는 눈앞의 상대와 내가 다르다는 것을 인정할 때 사그라든다. 다른 나라에서 다른 문화를 경험하며 살아왔다고 생각하게 되면 조금 더 이성적으로 상황을 보게 되니까.

그렇게 분노를 성공적으로 가라앉혔다면 그다음 단계는 둘로 나뉜다. 그 사람과 나의 친밀도를 기준으로. 만약 앞으로 볼 일이 별로 없는 사람이라면 애써 맞춰갈 필요도 화를 표현할 필요도 없다. 그 에너지는 고스란히 모았다가 나를 행복하게 하는 일에 쓰는 것이 훨씬 낫다. 그럼, 계속 마주쳐야 할 사람이라면? 그때는 서로의 세계로 초대하는 과정까지 나아가야 한다. 분노가 다시금 날 지치게 하기 전에 그 사람과 생각, 감정, 서로를 대할 때의 매뉴얼을 공유하는 것이다. 나는 이런 규칙 속에 살아왔다고. 부드럽게 이해를 구하면서.

물론 말처럼 쉬운 일은 아니다. 화를 삭이는 건 언제나 공식을 알아도 풀기 힘든 수학 문제 같다. 그럼에도 꾸준히 노력해야 하는 건, 골치 아픈 문제일수록 단순하고 정석적인 풀이법을 고집해야 원하는 답을 빨리 끌어낼 수 있기 때문 아닐까.

  어려운 과정을 성공적으로 견뎌낸 순간, 느끼게 될 것이다. 분노를 삭이는 건 다른 사람이 아닌 나의 평안을 위한 행동이라는 것을.

풍랑이 칠 때면

 거대한 자연 앞에 인간은 힘이 없다는 것을 역설하고 싶은 듯 재난 영화들이 우후죽순처럼 생겨날 즈음이었다. 나는 영화관에 들어서서 상영 중인 영화 목록을 보며, 고민에 잠겼다.

 평소 같았다면 무조건 밝은 느낌의 영화를 택했을 것이었다. 만들어진 영상이긴 하지만, 재난 영화에서 다뤄지는 내용은 어딘가에서 있었던 일 혹은 있을 법한 일들이어서, 멀쩡했던 것이 폐허가 되는 소리, 사람들의 절규, 살기 위해 싸우는 소리 등을 서라운드로 웅장하게 듣고 나면 여운이 며칠은 가기 때문이다.

 그러나, 그날만큼은 평소와 다른 선택을 했다. 그 영화가 다룬 남다른 소재가 눈에 밟혀서, 보지 않고 돌아가면 잠이 안 올 것만 같았다.

 영화를 다 보고 나왔다. 한 마디로 평하자면 고르길 잘했다는 생각이 들었다. 평소와는 조금 다른 여운이 남은 것을 느꼈기 때문이다. 다른 사람들도 나와 같은 생각을 하며 보았을지 궁금해져 영화 관람 후기를 찾아보면서 집으로 향했다.
 그런데 의외로 가장 많은 이들의 공감을 받은 것은 주인공이 답답하다는 평가였다. 사실, 그럴 수 있다. 영화니까. 그것도 자연재해니까. 분초를 다투는 상황이라면 더욱 빠른 판단을 하고 뭐라도 해보는 것이 가장 빨리, 가장 오래 살아남는 길일 테다.

 천천히 걸으며 생각했다. 나 역시 어떤 상황을 보아도 반응이 크지 않고 생각도 많은 편이어서, 저 영화 속 상황에 놓였다면 아마 주인공처럼 행동했으리라고. 그러다 의문이 들었다. '인생길에서 재난을 만났을 때도 빠르게 판단하고 대응하는 것이 가장 적합한 행동

일까?'

 누구라도 동의할 흔한 비유가 떠올랐다. '세상은 망망한 바다'. 망망한 바다 위를 항해하다 갑작스럽게 큰 풍랑을 만나면 배 위의 인간은 무얼 할 수 있을까.

 예전에 은사님이 하신 말씀이 있다. 배 위에서 큰 풍랑을 만나면 인간이 할 수 있는 것이 없다고. 그저 기다려야 한다고.

 바다 위에서는 캄캄한 밤만 되어도 수평선마저 흐릿하여, 한 치 앞도 보이지 않는 이 심연이 어디까지 이어져 있는지 가늠할 수가 없다. 그런데 어떻게 집채만 한 배라도 번쩍 들어 올리고 삼키는 파도 위에서 행동을 취할 수 있을까. 당장은 가만히 있는 것이 최선이다. 억지로 무언가 하려 하면 상황만 더 나빠질 수 있으니까. 그래서 사람은 배 위에서 풍랑을 만난다면, 그저 재난이 지나가길 잠잠히 기다리며 견뎌야 한다.

그러다 보면 때가 온다. 물안개도 걷히고, 날도 밝아오고, 잔잔해지고, 무언가 행동을 할 수 있을 시간이 온다. 급박한 상황 속에선 도저히 보이지 않았었던 길도 보이고 해결책도 떠오르게 된다.

우린 멈춘다는 것에 좋지 않은 선입견이 있지만, 큰 파도 위에서는 '일시 정지'하고 급박한 마음을 가라앉혀야 문제의 저 너머를 볼 수 있다. 대응할 수 있을 때까지 참고 견디는 기다림의 자세야말로 거친 풍랑 앞에서도 '**빠르게**'를 외치며 자신을 떠미는 것에 익숙한 우리에게 가장 필요한 것인지도 모른다.

언젠가 그리워하게 될 오늘

셰익스피어 소네트 50에 이런 표현이 있다. "슬픔은 내 앞에 기쁨은 내 뒤에(My grief lies onward and my joy behind)." 나의 기쁨을 뒤로 하고 떠나니 갈수록 슬프다는 것이다. 표현이 간단하면서도 인상 깊어 맥락을 다 잘라내고 여러 차례 음미해 보았다. 입에 맴돌수록 까슬하여 허를 찔린 듯한 느낌이 들었다.

대체로 미래를 기대하는 것보다는 지나간 날을 추억하고 그리워하는 것이 쉽다. 그다지 행복하지 않았던 과거도 시간이 거듭 흐릿한 필터를 씌우고 나면 꽤 아름답게 느껴지고 어떤 경우엔 그립기까지 하니까. 그러지 못할 걸 알면서도 '만약, 과거로 돌아갈 수 있다면…'이라고 운을 뗄 때는 경우가 많은 것도 그 때문이다. 과거는, 알아서 아름다워지고 있기에.

 수많은 타임머신 영화는 그런 그리움이 짙게 담긴 질문에서 시작된다. '과거로 돌아갈 수 있다면?' 그리고 '이렇게 되지 않을까?'라는 상상을 곁들여 다양한 중간 과정을 보여주지만 결국 마지막으로 우리에게 안겨주는 교훈은 비슷한 색을 띤다.

 언젠가 마음이 적적할 때마다 친구처럼 함께했던 영화가 있다. 리차드 커티스 감독의 <어바웃 타임>이다. 주인공 팀은 시간을 돌리는 능력이 있다. 작은 실수와 불편한 순간을 넘기기 위해, 행복한 순간을 더 느끼기 위해, 첫눈에 반했던 여자와 사랑하기 위해… 그런 갖가지 이유로 팀은 능력을 계속 사용한다. 누구라도 갖고 싶어 할 그 능력을 유용하게 쓰는 장면들은 정말이지, 푹 빠져들어 보게 된다.

그렇게 팀의 여정을 따라 여러 번 과거로 돌아가다 보면 결국 딱 한 가지만 선명하게 마음에 남는다. 진짜 값진 능력은 따로 있다는 것.

이전에 친구와 오랜만에 만나 회포를 풀다가 그런 이야기를 들었다.

"아이가 생기니까 행복도 힘듦도 이전의 100배는 되는데, 그래서인지 시간이 너무 빨리 가. 애가 하루가 다르게 커버려서 온종일 눈에 담아도 아쉽더라고."

인상적인 말이었다. 어디서도 느낄 수 없는 큰 행복뿐 아니라 그에 비례하는 아픔과 고단함도 있지만, 오늘 하루가, 일분일초가 지나가는 게 아쉬울 정도로 소중하다는 것. 친구는 그것을 머리가 아닌 몸과 마음으로 느끼고 있었다.

사실 시간의 흐름을 거슬러 올라가 보지 않았어도 우리는 알고 있다. 오늘의 기쁜 순간도 고된 순간도 다시는 돌아오지 않으니 충분히 즐겨볼 만하다는 것을. 유명한 말처럼 시간은 누구도 기다려 주지 않고, 우리는 미래의 내가 사무치게 그리워할 오늘을 살고 있는 것이니까.

삶의 문제들이 내 마음을 조여 행복이 멀어지는 것 같을 때, 가쁜 숨을 몰아쉬며 달리느라 하루의 소중함이 옅어질 때, 문득 이 사실이 떠올라 조금은 느슨해지길 바란다.

더딘 것같이 보여도, 하루를 소중히 여길 줄 아는 사람에게는 행복만큼 빨리 얻어지는 것도 없다. 1시간, 1분, 1초의 단위로 총천연색의 하루를 섬세히 느끼며 내일은 얻을 수 없는 오늘만의 아름다움을 만끽하자. 그 태도야말로 진짜 값진 능력이다.

조언 효용론

 개인적인 큰일을 치르고 졸업 준비를 하느라 바빴던 시기였다. 평소처럼 강의가 끝난 저녁 친한 동기와 같이 집으로 향했다. 교정을 지나고, 큰길을 지나, 우리가 늘 각자의 길로 헤어지는 건널목 앞에 다다랐을 때, 동기가 물었다.
 "요새 어때? 힘든 건 없고?"

 최근 들어본 적이 없었던 질문에 멈칫했다. 순간, 매일 만나는 데도 해야 할 일들만을 이야기했지, 그런 감정적인 공유는 해본 적이 없었다는 것을 느꼈다. '내가 어떻게 지내는지 다 아는 친구가 내 감정을 궁금해하고 있구나.' 그것을 깨닫자, 속이 간질간질했던 나는 고 마음을 담아 웃으며 말했다. "좀 피곤하긴 한데 괜찮아."

그 순간 초록불이 켜졌다. 동기는 더 묻지도 않고는 끄덕이다가 장난스럽게 한 마디만을 남기고 떠나갔다. "누가 못살게 굴면 말해."

손을 흔들며 걸어가는 동기의 뒷모습을 보는 순간, 며칠 전에 보았던 한 장면이 떠올랐다. 공원에서 한 아이가 신나게 걸어 다니다가 철퍼덕 엎어졌다. 모두의 시선이 아이에게 향한 그때, 아이는 엎어진 채로 서럽게 울기 시작했고, 아이의 엄마는 다가가 번쩍 일으키며 이렇게 말했다.

"아이고, 누가 그랬어! 많이 아프지?"

그 풍경 안에 있던 우린 모두 알고 있었다. 문자 그대로 보면 상황과 맞지 않다는 걸. 그러나 엄마들은 어린 자식이 열심히 걷다 넘어져서 울 때, 우는 자식을 일으키면서 "걸을 때 네가 잘 봤어야지. 땅을 디딜 때는 조심해."라든가, "신발이 너에게 잘 안 맞나보다."라고 하지 않는다. 우선은 아이의 감정을 먼저 보고 이해해 준다. 가끔은 유독 울퉁불퉁했던 땅에 으름장을 놓기도 하면서.

당장 서러워서 눈물을 쏟아내는 아이에게 현실적인 조언은 귀에 들어오지도 않을뿐더러 크게 도움이 되지 않는다는 걸 알기 때문이다.

신호를 기다리던 중 들었던 장난스러운 으름장도 마찬가지였다. 사람은 나이가 들수록 문제를 해결하는 방법을 몰라서 서러운 것보다는 그냥, 문제 앞에 선 것이 힘겨워서 서러워진다. 그 친구는 그래서 잠시 멈춰 머릿속에 떠오르는 다양한 말을 삼켰던 것 같다. 신호등의 빨간불을 보았을 때 멈추는 것처럼. 그 후, 내 편이 되어 주겠다는 마음만 남기고 떠난 것이다.

나는 조언의 쓸모를 생각하며 말을 걸러냈던 그 친구의 관점을 기억하려 '조언 효용론'이라 이름 붙였다.

넘어져 힘겨워하는 사람에게 필요한 것은 사실 대단한 해결책이나 엄청난 응원이 아니다. 혼자 있는 것 같은 고난의 순간에도 내가 옆에 있다고, 언제든 기댈 수 있는 등을 내어주겠다고 손을 내미는 그 진심을 받았을 때 다시 일어날 힘을 얻게 되는 것이다. 그런 걸 보면, 조언은 잘 덜어낼수록 쓸모가 커지는 말인 것 같다.

그 후 누군가의 고민을 듣게 되면, 무슨 말을 할지 생각하던 습관은 버리고, 필요하지 않은 말을 골라내 삼키는 연습을 하게 되었다.

물론 '이 말이 지금 친구에게 필요할까?' 그 효용을 생각하며 버린 말들이 쌓이는 만큼 친구와 나의 대화에는 작은 틈이 많아졌다. 그러나 걱정했던 것과 달리 그 공백은, 결코 어색한 분위기나 실망감으로 채워지지 않았다. 진심에서 우러나는 따뜻함만이 가득했다.

어린이의 시선으로

 가끔 잊지 말아야 할 것을 잊고 살았다는 생각이 들 때가 있다. 이건 그중 하나에 관한 이야기다.

 오랜만에 명절을 맞아 조카들이 놀러 온 날이었다. 아직 어린 조카들은 뭐가 그리 즐거운지 장난감이 별로 없는데도 모여서 열심히 놀고 있었다. 그 에너지 넘치는 모습이 귀여워 옆으로 가서 물었다. "뭐 하고 있어?" 나의 물음에 7살짜리 조카가 설정이 꽤 탄탄한 자신들만의 놀이 세계를 열심히 설명했다. 그리고 신이 났던 아이들은 묻지 않았는데도 요즘 푹 **빠져있는** 놀이를 이야기해 주었다.

"의자랑 이불로 아지트도 만들고, 형이 망토 두른 날엔 슈퍼맨 놀이도 하고…." 그 말을 듣자 나는 웃음이 났다. 내가 어릴 적에도 다들 그렇게 놀았으니까. 어떻게 누가 알려주지 않아도 다들 똑같은 놀이를 하면서 자라는 건지, 귀여우면서 신기했다.

우리는 모두 어릴 적, 즐거운 상상만으로 영웅이 되어 보기도 하고, 갖고 싶은 건 다 가져 보기도 했다. 허름한 보자기가 영웅의 망토가 되었고, 흙투성이인 놀이터가 궁전이 되었다.

곰곰이 생각해 보면 그런 아이들의 놀이엔 공통점이 있다. 주변의 별거 아닌 사물을 가져다가 즐거움을 만들어 냈다는 것. 아이들은 오로지 즐거움을 목표로 다양한 놀이를 만들어 내고 그 과정을 통해 넘치는 재미를 느낀다. 재미를 경험한 아이들은 더 즐거운 것을 찾으려 노력하며 같은 것을 보아도 내가 저것을 통해 어떻게 행복해질지를 먼저 고민하곤 한다.

그런 모습을 보고 있자면, '행복을 잃어버리지 않는

방법'은 오히려 어른이 아이들을 보고 배워야 하는 것 같다는 생각이 든다. 행복은 일상에서 꾸준히 찾아야 하는 것이니까.

어릴 적, 가진 것 없이도 황량한 벌판을 화려한 무대로 만들곤 했던 노력이 무색하게, 어른이 된 우리는 색색의 도구를 가지고도 풀 한 포기 그리지 못할 때가 많다. 영웅 같은 일을 해내고도 허름한 보자기를 두른 듯 초라해지고, 내 한 몸 편히 쉴 집이 있어도 이불과 베개로 만든 너절한 아지트에 있을 때만큼 편함을 느끼지 못한다. 잊어버린 것이다. 잊지 말아야 했던 행복의 비법을.

우린 언제라도 기뻐할 수 있다. 가진 것이 없어도 끊임없이 즐거움을 찾아냈던 그때의 시선을 회복한다면, 무엇이 어려울까.

녹록지 않은 현재의 삶이 괴로워, 한탄의 말과 함께

추억이 떠오를 때면 한 번쯤 생각해 볼 필요가 있다. 내가 지금 진짜 떠올려야 하는 것은 무엇인지. 잊고 살았던 과거의 나를 회상할 때, "그때는 좋았지."보다 "그때는 왜 좋았지?"가 지금의 삶에 더 큰 도움이 될지 모른다.

 일상이 즐겁지 않다는 건 현재 보지 못하고 있는 행복이 많다는 뜻이다. 그럴 때야말로 우린 그 시절을 더듬으며 어린이의 시선을 회복해야 한다. 발밑에 놓친 행복을 수집하기 위해서.

혼자가 아니었음을

 오랜만에 본가에 내려갔다. 방문을 열고 침대에 앉았는데 습기를 잔뜩 머금은 책 냄새가 났다. 침대 옆에 놓인 빽빽한 책장이 눈에 들어왔다. 더 이상 꽂을 곳도 없이 책이 늘어선 책장은 유독 기록물을 버리지 못하는 나의 습성이 만든 것이었다. 문득 오늘에야말로 정리해야겠다는 생각이 들었다.

 이미 오래전에 쓸모를 다한 낡은 수험서들만 먼저 버려야겠다는 생각에, 쭈그려 앉아 모두 꺼내 놓았다. 대학에 입학한 후 바로 버렸어도 될 것을, 나의 역사와 같이 느껴져서 이토록 쌓아 놨었나 보다. 먼지 쌓인 책의 앞표지를 쓸어 보았다. 눅눅하고 때 묻은 종이는 잊고 살았던 기억을 소환했다. 그때의 내가 무엇 때문에 고군분투했었는지 떠올랐다.

 추억에 잠겨 아무 페이지나 펴보기도 하고, 지금과는 사뭇 다른 글씨체로 기록된 다양한 내용을 보기도 하면서 그렇게 한참 뒤적이던 책을 들어 올린 순간, 낡은 수첩이 떨어졌다.
 겉이 투명한 커버로 감싸진 민트색 수첩, 너무 반가웠다. 학창 시절 가장 힘들었던 시기에 엄마와 주고받았던 일기 노트였다.

 교환 일기를 쓰자고 먼저 제안한 사람은 엄마였다. 원체 자기 이야기도 잘 하지 않는 딸의 낯빛이 근심으로 가득하고, 일과를 마치면 자정이 되어야 집에 들어오니, 특단의 조치로 딸에게 가장 적합한 마음 돌보기 방식을 찾은 것이었다.
 엄마와 나는 노트에 그날 하루 감사한 일 5가지와 짧은 일기를 썼다. 내가 밤에 일기를 써서 엄마 방에 두면 다음 날 아침 엄마가 쓴 후 책상 위에 올려 두는 식이었다. 다음날이 오는 것이 서럽기만 했던 나는, 일기를 주고받은 이후로는 아침이 조금 기다려지기 시작했다.

일기를 쓴다는 행위가 주는 감정적인 해소도 있었겠지만, 혼자 이겨내야 하는 하루인 줄 알았는데 사실 매 순간 나의 소중한 사람과 이어져 있었다는 사실이, 마음을 주고받는 행위를 통해 드러나 나를 깊이 위로했던 것 같다.

일기를 마친 건 내가 완전히 회복된 즈음이었다. 엄마의 마지막 일기 맨 끝줄에는 이렇게 쓰여 있었다. "늘 우리 딸을 위해 기도하고 응원하고 있다." 그 문장이야말로 일기라는 행위를 통해 엄마가 매일 내게 전하고 싶었던 사실이었다. 널 사랑하는 사람들이 곁에 있다는 것. 혼자인 것 같던 순간에도 언제나 마음으로 함께하고 있었다는 것.

고난의 시간은 지난 후 돌아보면 행복이 된다. 이것은 "견디고 보니 힘든 시간들이 나의 피와 살이 되더라." 같은 말을 뱉을 때 느끼는 기쁨과는 결이 조금 다르다. 인지하지 못했더라도 나의 소중한 사람들이 마음으로 함께 해주어서 내가 잘 버텨왔다는 사실을 자각했을 때 느껴지는, 받은 사랑을 깨달았을 때 우러나오는 행복이다.

내일이 오는 게 버겁고 지친다면 이 사실을 기억하자. 나 혼자 견뎌왔던 아픔도 없고, 앞으로 혼자 견뎌야 할 아픔도 없다는 것을. 누군가 지금도 당신을 위해 간절한 마음으로 기도하며 응원하고 있다는 것을.

그럼에도, 오히려, 그렇지만

대학에 다닐 땐 하루도 빼놓지 않고 커피를 마셨다. 과제 때문에 밤을 많이 새서 그런 것인지 아침마다 졸음을 떨쳐내는 것이 어려웠기 때문이다. 그날도 오전 강의가 끝나자마자 학교 근처 단골 카페로 향했다. 녹아내릴 듯한 무더위 탓에 카페 안은 많은 사람들의 대화가 얽혀 떠들썩했다. 나는 가장 구석진 자리에 앉아 이어폰을 끼고 교재를 뒤적였다.

그런데 어느 순간부터 노래가 드라마의 배경음악처럼 깔리고 대사가 자꾸 얹어져 들리는 듯했다. 바로 뒤쪽 테이블 자리에 앉은 사람들의 대화 소리 때문이었다.

한 명은 계속 격앙된 말투로 부정적인 말을 하고 있

었고, 한 명은 자신의 힘든 상황에 대해 이야기하면서도 느긋한 말투로 그 말들을 튕겨 내고 있었다. "맞아, 그렇지만…", "그래도…", "오히려 나아." 같은 말이 반복적으로 귀에 꽂혔다.

부정과 긍정의 싸움. 마치 공을 전혀 받지 못할 위치로 보내도 어떤 방식으로든 기어코 살려서 넘기는 배드민턴 경기를 보는 듯했다. 랠리는 한참을 오갔지만 결국 계속되는 긍정적인 답변에 지친 앞 사람이 포기하면서 대화는 끝이 났다.

수많은 말이 귀를 타고 들어와도 마음에 걸려져 남는 말은 늘 있기 마련이다. 그날 나는 뒤에 앉았던 사람의 '그렇지만, 그래도, 오히려'의 사용법이 오래 기억에 남았다.

순간 고등학생일 때의 기억이 스쳐 갔다. 태블릿 화면 속 영어 선생님이 수도 없이 말했다. "접속사에 세모 표시해. 이 뒤에 내용이 어떻게 흘러가는지 봐야겠지?" 그리고 영어 선생님들이 주로 집중하는 것은

'however, nevertheless'였다. 그러나, 그럼에도 불구하고. 뒤에 오는 내용은 앞에서 기대하던 것과는 다르니까.

살다 보면 분위기를 바꾸는 접속사나 부사의 쓰임이 얼마나 중요한지 느끼게 된다. 내 상황이 '힘들다'는 것은 언제나 객관적인 수치로 측정되는 것은 아니니까. 내 생각에 따라 더 무거운 짐이 될 수도, 더 가벼운 짐이 될 수도 있는 문제들이 사실 대부분이다.

힘든 일이 겹쳐오는 시기일수록 생각해 본다. 오늘 나의 하루를 쭉 읊어본다면 분위기를 바꾸는 접속사를 어떤 순간에 쓸 것인지. 행복했던 순간 뒤에 '그래도 여전히 불안해.'라고 말할 것인지, 아니면 힘들었던 순간 뒤에 '그렇지만 내일은 나아질 거야.'라고 말할 것인지.

어쩌면 감정을 다스린다는 것이 적당히 팽팽한 줄다리기 같은 것일지도 모르겠다. 반대편이 주도권을 잡아서 중심이 잠깐 옮겨 가더라도, 계속 내 방향으로 힘을 주어 당긴다면 서서히 끌려오게 되니까. 나의 생각과 말이 향하는 목표 지점을 '긍정'에 두는 행동은, 그렇게 '부정'이 승기를 잡은 듯한 상황에서도 점점 끌고 와 내 하루의 분위기를 완전히 바꾸어 버린다.

지쳐버린 순간에 '그래도!'라고 외치며 내가 원하는 방향으로 생각을 끌고 오는 힘. 그만큼의 힘은 손에 계속 쥐어 볼 가치가 있는 것 같다. 아주 미미해 보이지만, 기어코 나를 행복으로 이끌고 마니까.

시름을 잊게 하는 사람

 나이가 어느 정도 차야 이해되는 장면들이 있다. 이것은 그중 하나에 관한 기억이다.

 녹녹한 바람이 불어오며 다음 계절의 막이 올랐을 즈음이었다. 마지막 수업을 듣고 강의실에서 나와보니 어느덧 하늘이 어두워지고 있었다. 집을 향해 조금 빠른 속도로 걸으며 기다란 골목 초입에 다다른 순간, 저만치 골목 중간에 있는 가로등 밑에서 한 아저씨가 담배를 피우고 있는 모습이 보였다.
 그 길은 낮에도 홀로 시간이 앞서가는 듯 어두운 편이라서 담배를 피우는 사람과 짓이겨진 다양한 종류의 담배꽁초가 꼭 있던 곳이다. 그러니 신경 쓰일 것도 없는 풍경이었지만 몇 가지 시선을 끄는 점이 있었다.

그 아저씨는 엉거주춤한 자세로 한 손에는 유아용 장난감을 쥐고 한 손에는 담배를 들고서, 먼 하늘을 계속 올려다보고 있었다.

그 시선 끝을 따라간 나는 유난히 밝은 달이 걸려 있는 것을 발견했다. 달은 슬픔을 지닌 사람을 곧잘 부른다. 그 아저씨를 보니 내가 한창 고민 많을 적에 주야장천 하늘을 올려다보며 달을 찾고, 사진을 찍곤 했던 것이 생각났다. '저분도 무언가 큰 고민이 있나 보다.' 완벽한 타인이 무의식중에 흘린 슬픔 한 자락을 엿본 느낌이 들었던 나는 얼른 지나쳐가기 위해 발걸음을 재촉했다.

그 순간 아저씨의 전화벨이 울렸다. 한숨을 한 번 크게 쉬고 전화를 받은 아저씨는 느릿하게 말했다. "어. 생각대로 안 됐어. 힘이 좀 빠지네." 최대한 담담하고 가볍게 전하는 고백과 달리, 걷는 소리에는 떨쳐내지 못한 무게가 실려 있었다. 걸음에 맞춰 장난감이 짤랑거리는 소리가 꽤 오래 골목에 울려 퍼졌다.

그 소리를 들으니 오래된 이미지가 하나 떠올랐다. 아빠의 손에 들린 검은 봉지. 어릴 적에 나와 동생은 아빠가 퇴근하면 손을 관찰하곤 했다. 아빠가 검은 봉지를 들고 퇴근하는 일이 잦았기 때문이다. 그 속에는 주로 저녁거리가 있었지만, 이따금 나와 동생이 좋아하는 과자, 사탕도 잔뜩 들어있었고, 우린 그걸 기대했다. 그 봉지를 건네줄 때 아빠는 매우 밝은 얼굴로 "우리 딸내미들 간식 사 왔다!" 했지만, 지금 생각해 보면 그 숨에는 골목 냄새가 짙게 배어있었던 거 같다.

누구나 한 번쯤은 그런 날이 있다. 삶의 짐이 눌러오는 무게에 걸음도 잘 안 떼어져 뒷굽이 연신 닳는 날. 여느 때처럼 가족들이 반길 집에 들어가려니 복잡한 마음이 아직 소화되지 않은 날. 욱여넣은 슬픔에 메스꺼워 가짜 미소조차 나오지 않는 날.

그런 날이면, 작은 선물을 가면(假面) 삼아 더 밝은 모습으로 집에 들어가게 된다. 긴 하루 끝 나의 소중한 사람만은 그저 행복했으면 해서. 그리고 그 사람이 아무 걱정 없이 화사하게 웃는 얼굴을 본다면 나의 서러움도 씻은 듯이 사라질 거 같아서.

다행인 건, 소중한 존재의 미소는 그 마음에 대한 보답처럼 무엇보다도 따뜻하게 그날을 장식한다는 것이다. 분명히.

그렇게 전혀 기쁠 수 없는 하루의 끝에 웃게 하고, 사라지지 않을 것 같았던 시름을 홀연히 잊게 하는 건, '소중한 사람'이 지닌 가장 경탄스러운 능력이 아닐까.

짐작이지만, 나는 확신한다. 담벼락에서 다 털어내지 못한 그 아저씨의 슬픔도 어린 자식의 미소에 다 날아가 버렸을 거라고.

발걸음이 유독 무거운 날이면 소중한 사람의 미소를

눈에 담자. 그것만큼 빠르게 시름을 잊게 해주는 것은 없으니까. 다시 살아갈 힘은, 절대 멀리서 오지 않는다. 언제나 가까이에 있다.

'잘' 말하는 것

 작은 원룸에서 자취하던 시절, 골머리를 앓았던 집안일이 있다. 바로 음식 관리다. 부모님과 함께 살 때는 음식 소비가 빨라서 신경 쓰지 않아도 유통기한이 지나거나 상해버린 음식이 거의 없었는데, 혼자 살면서 음식을 해 먹으려니 조금만 시간이 지나도 재료들이 변질되곤 했다.

 특히 채소류는 거의 폭탄처럼 느껴졌다. 사는 순간부터 시작된 카운트다운, 알 수도 없는 제한 시간이 지나고 '00:00'에 다다른 순간, 기다린 듯이 상해버렸다. 그 무렵부터 나는 재료마다 신선하게 보관하는 법을 포스팅한 블로그를 뒤적이면서, 음식이 신선하게 보관

된다는 밀폐용기나 비닐 광고를 유심히 보기 시작했던 것 같다.

어느 늦은 저녁, '몇 주 이상 싱싱하게 보관되어요. 최적의 상태를 유지하는 소재를 사용했어요.'라는 광고 문구를 보고 산 밀폐용기 택배가 도착했다. 택배를 열고 용기 속에 그날 장 봐온 식재료들을 정리하는데, 옆집에서 큰 소리가 들렸다.

옆집 여자는 얼굴을 본 적은 없지만, 목소리만은 이미 구면이었다. 오늘도 비슷한 내용으로 애인과 다투고 있는 것 같았다. '말을 왜 그렇게 해.' '그럴 의도가 없었어도 듣는 사람은 기분이 나빠.' 옆집 커플은 한 치의 양보도 없는 경기를 하듯 말을 주고받으며 사랑싸움을 계속 이어갔다.

대수롭지 않게 생각하며 식재료를 마저 정리하던 나는 불현듯이 그런 생각이 들었다. '잘' 말한다는 것은 마음을 적절한 단어에 정성껏 밀봉하여 건네는 것이 아닐까. 음식을 가장 최적의 상태로 유지할 수 있는 용기에 담아 상하지 않게 하는 것이 '잘' 보관하는 것이듯 말이다.

우리는 친밀한 관계일수록, 그리고 감정이 올라오는 대화일수록 원래 의도를 잊고 마음을 아무렇게나 뭉쳐서 싼 뒤 상대에게 던져 버리는 일이 잦은 것 같다. 여과 없이 내뱉어진 단어와 어투에 담긴 감정이, 필시 균처럼 스며 듣는 사람의 마음을 으그러트린다는 것을 앎에도.

그래서 우린 소중한 사람과 대화할 때 더욱 주의해야 한다. 관계에서의 편안함이 태도에서의 안일함으로 이어지지 않도록. 다른 해석을 할 여지도, 과한 감정 전달도 없이 진정 필요한 만큼의 마음만 잘 담아내겠다고 다짐하면서, 말해야 하는 것이다.

마음은 쉽게 변질된다. 나의 의도를 가장 싱그러운 상태로 유지할 말에 담아 건네자. 그 마음을 오래도록 보관해야 하는 것은 내가 아닌 상대방이니까.

구멍 뚫린 비닐에 담아 던지듯 전달한 말이 가져올 결과는 안 봐도 뻔하다.

힘을 빼야 힘이 실려

어릴 적엔 머릿속의 개념들이 종종 교집합을 가지고 있지 않아서 모순적인 상황에 놓이면 상당히 당황하여 삐걱거리곤 했다. 잘못된 명령을 받은 로봇이 된 것 같다고나 할까. 머리에서 이해가 되질 않으니, 몸이 제대로 따라줄 리가 없다.

지금 떠올려 보면 학창 시절 나를 꽤 오래 괴롭혔던 모순된 명제는 '힘을 빼야 힘이 실린다'는 말이었다.

현악기를 전공으로 하기 시작한 지 얼마 되지 않았을 적에 있었던 일이다. 그때 배웠던 곡은 클라이맥스 부분이 유난히 빠르고 어려워서 잘 연주하다가도 그 마디에만 다다르면 음을 뭉개고 느낌을 살리지 못했다.

그 위기를 타개할 방법을 찾지 못했던 나는 며칠간 내 능력과 악보를 원망하며 의미 없는 반복 연습을 한 후 레슨을 받게 되었다.

선생님 앞에서, 수도 없이 연습했던 '그 부분'까지 쭉 연주했는데, 역시. 나 자신부터 의문이 가득한 상태인데 그것이 다른 이에게 좋게 들릴 리가 없었다. 선생님의 표정이 심상치 않았다. 잔뜩 긴장하며 피드백을 기다리는 나에게 선생님은 예상외로 딱 한 마디만 하였다. "힘을 빼야 힘이 실려."

힘을 빼야 힘이 실린다니. 뒷머리를 한 대 맞은 것 같았다. 그 뒤로 레슨이 어떻게 흘러갔는지 뭘 배웠는지 모르겠다. 힘을 빼야 활에도, 음을 잡는 손끝에도 힘이 실린다는 것. 머리로는 이해가 됐는데 도저히 몸은 그 말을 받아들이지 못했다. 문제의 부분에서 계속 손끝이 아닌 팔에 힘이 들어가서 활이 뜨고 소리가 예쁘게 나지 않았다.

그렇게 날 괴롭혔던 모순을 비교적 최근에 또 듣게 되었다. 무더운 여름, 학원에서 가르치던 한 아이의 표정이 평소보다 유독 어두운 걸 발견했다. '아이들이 몰려올 시간이니 에어컨 온도를 더 낮춰야 할까?' 그런 생각을 하면서 나는 "기운이 없어 보이네. 너무 더워서 힘 빠져?"라고 물었다. 그랬더니 아이는 의기소침한 목소리로 답했다. "아니요, 그냥 수영하기 싫어서요"라고.

나도 물을 좋아하지는 않아서 '싫을 수도 있지.'라는 생각이 들면서도, 이맘때면 수영학원이든 수영장이든 물속에서 노는 것이 유일한 재미인 아이들이 많았기에, 아이와 눈높이를 맞추고 물어보았다. "왜 수영이 싫어?" 아이는 교재 끝을 만지작거리다가 입을 삐죽대며 말했다.

"저는 물에 뜨는 걸 못하거든요. 힘을 빼라는데 어떻게 빼요? 빠질 것 같아서 무서워요."

10살짜리 아이에게서 같은 고민을 하던 그때의 내 모습을 보게 된 순간, 내가 할 수 있는 말은 하나뿐이었다. "그러게 말이야. 선생님도 힘 잘 못 빼."

악기 연주도, 수영도, 삶도. 대단한 기교를 걷어내고 나면 결국 힘을 빼는 기본기를 지녔는지가 가장 중요한 문제인 것 같다. 학생 때의 나는 열정과 목표로만 점철된 삶을 살았다. 힘을 빼야 한다는 문제를 풀지 못해서 긴 시간 동안 나를 밀어붙이기만 한 탓에 좋아하는 일을 하면서도 괴로웠고, 결국 전공도 바꾸게 되었다.

'열심히' 노력하는 것은 아주 갸륵한 삶의 자세지만, 그 노력에만 집중하다 보면 힘이 잔뜩 들어가는 것은 당연한 순서다. 그 순간을 잘 포착해야 한다. 마음이 급해지고 온몸에 힘이 들어갔을 때는, 심호흡이라도 하면서 기본기를 되찾는 것이 무엇보다 중요하다. 제대로 된 소리가 나기 시작해야 현란한 연주도 듣기 좋게 할 수 있는 거고, 제대로 뜬 후에야 수영 기술도 의미가 있는 거니까. 삶도, 그렇다.

사실 개념의 교집합이 생긴 지금도 나는 '힘을 빼서 힘을 싣자.'는 말을 행동으로 옮기는 걸 가장 어려워한다.

그리고 보면 삶의 기본기란, 온갖 기교가 유행처럼 번쩍이는 세상에서, 사는 내내 꾸준히 연습하라고 주어지는 것인지도 모른다.

존중한다는 건

존중은 몸을 굽히는 것이다.

나는 그 존중의 형태를 많이 보았다. 원장님은 늘 무릎을 구부리거나 상체를 기울여 아이들과 눈높이를 맞췄다. 작은 마음이라도 놓칠세라 눈과 귀를 모두 집중하면서. 그렇게 쏟아지는 아이들의 말을 담았다.

그래서 어쩌다 꼿꼿하게 선 채로 평범한 내 시선을 유지하며 '존중하고 있다'고 스스로 말할 때면, 나의 작은 교만이 불쑥 나왔구나, 인지하게 된다.

그 존중의 태도를 다잡게 하는 또 하나의 장면이 있

었다.

 어느 봄날, 작은 아이와 엄마가 길가에 쭈그린 채로 무성한 풀밭을 쳐다보고 있는 것을 보았다. 나는 '잡초밖에 보이지 않는데 뭘 관찰하고 있는 걸까?' 하며 바쁘게 지나갔다. 다음 날, 같은 길을 지나다 어제의 장면이 떠올라 아이가 앉아 있던 장소에 쪼그려 앉아 보았다. 무언가, 존재했다. 휙 스쳐 갔던 나만 보지 못했던 거였다.
 그곳엔 옅은 하늘색과 연노란색이 어우러진 작은 꽃이 있었다. 정말이지 너무 작아서 쪼그려 앉지 않으면, 시선을 아래에 두고 집중하지 않으면 발견할 수도 없는 꽃.

 집에 돌아와 꽃의 이름을 검색해 보았다. '꽃마리'였다. 두 장면이 겹쳐 보이기 시작했다. 그러고 보면 모든 사람의 마음속에는 작은 꽃마리가 피어 있지 않은가. 꽃말처럼 '나를 잊지 말아 주세요.'라고 외치면서. 원장님이 아이의 마음에 핀 꽃마리를 보기 위해 그렇게 시선을 맞춘 거였다는 사실이 새삼 깨달아졌다.

존중의 생김새가 더 선명하게 그려졌다. 몸을 한껏 구부리고 상대에게 가까이 다가가는 것. 그렇게 다가감으로써 놓치고 지나가기 쉬운 그 여린 꽃을 봐주는 행위.

사람은 자기 시선과 시야에 너무 익숙해서 몸을 굽혀 집중하지 않으면 다른 이의 마음과 세상을 보기가 쉽지 않다. 그러니 자꾸 내가 보는 것들이 전부라고 느껴질 때면 느릿하게 조금 다른 위치에서 다른 자세로 보아야 한다.

눈높이를 맞춰야만 알 수 있는 것이 있다. 있는지도 모르고 지나쳐 왔던 것을 생각하며 존중으로 대할 때, 비로소 상대의 마음속에 핀 하늘하늘한 꽃잎이 눈앞에 가득 펼쳐지기 시작할 것이다.

부모의 사랑

 J 부부의 아기를 만났다. 가슴이 간질간질했다. 자식이니 당연한 것이지만, 그 작은 이목구비에 엄마의 얼굴도 아빠의 얼굴도 담겨 있는 것을 보면, 경이로움을 넘어 세상을 채우는 존재들에 대한 따뜻한 감정이 움튼다. 두 사람의 얼굴을 담고 있는 우리 모두, 그 부모에겐 둘도 없이 귀한 존재일 테지.

 입꼬리가 유독 엄마를 닮았던 그 아기는 우리가 안부를 묻고 긴 이야기를 나누는 중에도 순하게 안겨 시선을 이리저리 옮기며 관찰했고, 배시시 웃기도 했다. 성인이 된 후 신생아를 본 일은 처음이어서 그런지 느낌이 색달랐다.

'친구인 내가 봐도 사랑스러운데 부모 마음은 오죽할까.' 그런 생각을 하며 J의 얼굴을 본 순간, 심장이 찌릿했다. 아기에게 말을 걸고 있는 J의 얼굴엔 이제껏 보지 못한 눈빛과 미소가 어려있었다. 말 그대로 부모의 얼굴이었다.

눈빛뿐만이 아니었다. J는 시선도 바뀌어 있었다. 뭘 하고 있든 얼마나 재미있는 이야기를 하고 있든, 아기의 모든 행동을 계속 주시했다. 몸은 피로하여 지칠지언정 눈만은 또렷했고, 언제든 아기가 무언가를 바란다면 손을 뻗어 해결해 줄 준비가 되어 있었다.

이전에 엄마가 했던 말이 떠올랐다. "네 아빠는 네가 아기였을 때, 일하는 중에도 계속 네가 보인다고 일 끝나면 숨이 차게 뛰어왔어. 눈에 박혀있는 것 같았다나." 나는 이 말을 들었을 때, 아빠가 유독 감성적인 사람이라 그런 거였겠거니 추측했었는데, 친구의 모습을 보고 생각이 바뀌었다. 부모가 되면, 눈부터 변하는 게 맞나 보다.

얼마 전 엄마에게서 불쑥 맥락을 알 수 없는 문자가 왔었다. "힘들면 언제든 말해." 나는 괜찮다고 힘들지 않다고 답문을 보내면서 조금 의아해했지만, 곧 그 담백한 몇 글자에서 새어 나오는 마음을 느낄 수 있었다.

자식이 스스로 돈도 벌고 자기 행동에 책임질 수 있는 나이가 되어도 부모는 자식이 아장아장 걷던 그때를 마음에 품고 있나 보다. 그 휘청거리던 걸음과 잡아주던 손이 눈에 어른거리나 보다. 언제든 힘이 들면 기댈 등을 내주고 무엇이라도 해결해 주겠다는, 나로서는 짐작도 할 수 없는 큰 마음에 잠시간 울컥했다.

부모의 사랑은 끝나지 않는다. 자식이 기어다니지도 못할 때부터, 말하기 시작하고, 학교에 들어가고, 직장을 얻고, 나이가 들어 머리가 하얗게 셀 때까지도.

그러니 한없이 작아지는 날이면 다시금 기억해 볼 필요가 있다. 세상 사람 그 누구에게서도 얻을 수 없는 큰 사랑이 내 나이만큼 쌓여 있고, 지금도 나를 받치고 있다는 것을.

열렬히 사랑하기

'하트'가 사랑의 기호가 된 유래에는 다양한 설이 있다. 그중에서도, 원래 고대 그리스에서 심장을 뜻하던 기호였다가 중세로 넘어와 사랑하는 사람에게 하트모양을 전하기 시작하며 사랑의 상징으로 굳혀졌다는 설이 아마 가장 유력한 것 같다.

사랑하는 사람을 보면 으레 쿵쿵 뛰는 심장이 '이것이 사랑이라고' 알려주니까. '당신만 보면 뛰는 나의 심장을 건넵니다.'의 뜻으로 하트를 전한 것이다. 참 적나라하고 감동적인 사랑 고백이 아닐 수 없다.

빨간색을 주로 사용하게 된 유래도 하트의 유래와 크게 다르지 않았다. 심장과 피, 열정, 그런 의미들이 한데 모여 빨간색을 빈 하트에 씌우게 된 것이었다.

그렇게 하트의 기원을 살피다 보니 문득 '사랑'에 가장 어울리는 색이 무엇일까, 하는 생각이 들었다. 사랑은 빨갛기도 하지만, 파랗기도 하고, 어둡기도 하고, 노르스름하기도 하지 않나.

사랑만큼 다양한 정의를 모두 소화할 수 있는 감정은 없을 것이다. 한 사람의 인생에서도, 딱 하루 안에서도 사랑은, 여러 모양으로 변모하여 나타난다.

우린 사랑이 시작되고 있어서 설레고, 사랑해서 기쁘고, 사랑이 부재해서 서운하고, 사랑이 떠나가고 있어서 분노하고, 너무 사랑해서 괴로워한다. 그렇게 사랑은, 많은 감정을 담고 여러 빛깔로 우리 앞에 나타난다. 사람은 다양한 색의 사랑 속에 있다.

그래서 사랑에는 흰색이 단연코 가장 잘 어울린다고 생각하게 되었다.

어떤 빛으로도 변하는, 흰색의 사랑.

그 안에 칠해질 수 있는 것 중 가장 슬픈 색의 사랑을 본 적이 있다. 초등학생 때였다. 학교 수업 마치고 친구를 만나려고 집 근처 골목으로 갔는데, 전봇대 옆에서 스무 살 남짓 되어 보이는 어떤 여자가 서럽게 울고 있는 것을 보았다. 남자 친구와 헤어진 듯했다.

 꼬마가 옆을 지나가도 전혀 신경 쓰지 못할 정도로 아픔에 젖어 눈물을 흘리는 모습을 보니 모르는 사람인데도 마음이 짠했다. 벗겨진 아스팔트와 닮은, 그녀의 심하게 번진 마스카라가 눈에 들어온 순간, 골목 전체에 회색빛이 한 겹 씌워진 듯한 착각이 들었다.
 꽤 시간을 들여 얼굴에 곱게 바른 화장은 그 사람에게 잘 보이고 싶었던 여자의 애정이었을 텐데, 사랑과 함께 쓸려 무너져가는 모습을 보니 어린 나에게도 그 여자의 아픔이 전해졌다.

 무너진 화장과 사랑. 사랑이 떠난 골목길에 떨어진 눈물. 그리고 그 공간의 분위기를 바꾸는 상실의 슬픔. 아직도 나는 한 사랑이 매듭지어지는 이별을 떠올리면 그때 본 여자가 생각난다.

  그 사랑의 부재를 잠깐 덮어두고 사랑의 시작을 떠올려 본다. 언젠가 잡동사니가 가득한 서랍을 뒤적이다가 아빠가 남긴 앨범을 발견했다. 사진은 없었고 누군가에게 받은 편지들을 모아 예쁘게 펴서 한 장 한 장 모아둔 앨범이었다. 넘기다 보니 딱 한 장 아빠의 글씨가 보였다. 엄마에게 주려 했던 편지였는데 어떤 이유로 보내지 않고 간직한 것 같았다.

  편지 첫 줄엔 이렇게 쓰여 있었다. "잠을 청해도 달이 밝아서인지 네 얼굴이 자꾸만 또렷해진다."

  마음이 통한 지 얼마 되지 않았던 시기에 쓴 모양이었다. 존재만으로도 설레어 잠을 못 자고 밤이 새벽에 자리를 내어줄 때까지 그 사람을 향한 시가 떠오르는 것. 가만히 있다가도 그 사람 때문에 벅차올라 펜을 들지 않을 수 없는 것. 이것이 막 생겨난 사랑이 지닌 힘이구나. 풀풀 날리는 먼지와 눅눅한 습기의 자국에도 꾹 눌러쓴 사랑은 흐려지지 않았다. 사랑에 빠진 청년의 감정이 진하게 느껴졌다.

아마 아빠의 딸로서 추측해 보건대, 사랑이 시작되던 순간, 그 사람이 존재만으로 너무 소중했던 마음을 내내 간직하고자 엄마에게 보내지 않고 가지고 있었던 게 아니었을까.

아빠는 그 편지를 마음에 새긴 듯, 평생을 '누구 엄마'가 아닌 이름과 애칭으로 엄마를 부르며, 어딜 가든 손을 잡고 다녔다. 연애를 막 시작한 그때처럼.

사랑은 이렇게 우리에게 양극단을 넘나드는 감정을 경험시킨다. 사랑의 시작부터 끝까지. 그래서 '열렬히 사랑한다'는 건 어쩔 도리 없이 사랑 안에 감춰진 다양한 색을 가장 많이 마음에 묻히는 행위일 것이다. 눈물 나게 괴로워도 보고, 더할 나위 없이 행복해 보기도 하면서.

어쩌면 '괜히 겪었다' 싶을 정도로 아플지도 모르지만, 그럼에도 가장 가치 있는 감정이기에, 세상의 모든 문제는 사랑 안에 있고, 사랑으로 해결되기에. 우리는, 사랑 없이는 살 수 없기에. 사랑하는 것이야말로 인간에게 주어진 임무 중 가장 중요한 것이 아닐까 싶다.

열렬한 사랑은 그 폭풍 같은 감정 속에 들어온 우리에게 때로는 슬픔으로, 때로는 기쁨으로 가장 값진 행복을 안겨줄 것이다.

어른에게도 꿈은 필요하다

종종 '꿈'은 '장래 희망'과 혼용된다. 그러나 "너는 커서 뭐가 되고 싶어?"와 "네가 이루고 싶은 것은 뭐야?"는 엄연히 다른 말이다. 그리고 나는 늘 후자의 질문이 좋았다.

대부분 어릴 때는 꿈이 뭐냐는 질문을 들으면 참 좋아한다. 꿈이 생겼을 때의 기분 때문일까. 아마 꿈의 속성이 어느 정도 환상적이라 그런 건지도 모른다. 언젠가 닿을 수 있을 법한 멋진 이상. 다른 사람에게 말하기만 해도 이미 그 모습에 가까워진 듯한 착각이 들어 가슴이 뛰곤 하는 걸 느낀다.

그 설렘은 언제부터 사라진 것인지, 나이가 들면 갑자기 현실을 보는 것에 더 익숙해져 버린 나를 발견하게 된다. 무엇이든 꿈꿀 수 있지만, 무엇이든 이룰 수는 없다는 것을 인지하고 살아간다. 현실의 알싸함은 그렇게 달콤한 꿈을 저 멀리 밀어버린다.

나 역시 그랬다. 어릴 적에는 종이 한 바닥을 다 채울 수 있을 정도로 이루고 싶은 것이 많았는데, 해가 지나갈수록 하나둘 사라졌다. 원복을 입었다가, 학교에 들어가고, 교복을 입기 시작하고, 다시 사복을 입게 되면서, 그 나이대의 옷에 낡은 꿈도 함께 싸서 버리듯, 급격하게 줄어들었다.

그렇게 현실적인 일에만 몰두하여 지내던 어느 날, 단골처럼 찾아가는 벤치에 앉아 있을 때였다. 새소리만 간간이 들리던 적막을 깨고 바로 옆 벤치에서 전화벨 소리가 들렸다. 한 할머니가 한껏 들뜬 톤으로 전화를 받았다.

"아유, 좋지. 뭐가 피곤하겠어. 기대되는 게 있으니까 이제야 좀 사는 거 같아."

'무언가를 새로 배우고 계신 모양이네.' 궁금해져서 옆으로 고개를 살짝 돌린 순간 보이는 할머니의 모습에 나는 멈칫했다. 먼 산 너머에 있는 꿈을 응시하는 듯한 눈빛과 행복한 미소가 최근 나의 얼굴에서도 보지 못한 표정이라는 생각이 들었기 때문이다.

그 후로 며칠은 꿈이라는 주제에 사로잡혀 있었던 것 같다. '기대되는 게 있어서 사는 것 같다'는 할머니의 문장이 계속 귓가에 맴돌았다.

이렇게 말해도 좋을까. "꿈은 꼭 이루려고 꾸는 것이 아니다. 꿈꾸기 위해 꾸는 것이다."라고. 꿈은 진통제와 같다. 다양한 증상을 유발하는 삶을 바꿀 수는 없을지라도 앞날을 기대하게 만듦으로써 고통을 줄여주고, 일상의 작은 순간에 집중할 힘을 준다.

그리고 꿈꾸는 것이 행복해서 또 다른 꿈을 꾸게 된

다. 그렇게 열망은 삶의 색을 완전히 바꾸어 버린다.

그러니 과거의 소망을 잃어버렸다고, 새로운 꿈을 꾸는 일을 미루는 데 익숙해져서는 안 된다. 당장 무언가를 품기는 어렵더라도, 현실을 아주 조금만 밀어내볼 필요는 있다. 꿈이 들어올 작은 틈을 마련해 둔다면, 언젠가 분명 새로운 열망이 찾아와 채울 테니까. 그때를 기다리자. 어른에게도, 꿈은 필요하다.

혼자 있음과 고독

 나에겐 닮은 점을 찾는 것이 더 어려울 정도로 성향이 많이 다른 친동생이 있다. 동생은 소위 말하는 '취미 부자'다. 가장 오래 이어지고 있는 취미는 베이킹. 때때로 하는 취미는 소설 읽기, 요리하기, 그림 그리기, 글쓰기, 러닝 등 종류 불문하고 아주 다양하다. 그래서인지 동생은 친구와 약속이 있는 날이 아니라면 집에서 온갖 취미를 즐기며 시간을 보낸다.

 하루는 열심히 머랭을 만들고 있는 동생을 물끄러미 관찰하다가 물어보았다. "집에만 있으면 답답하거나 외롭지 않아?" 동생은 여전히 머랭 거품에 집중하며 말했다. "음, 그렇게 느껴본 적은 없었던 거 같은데. 혼자 있어도 할 게 너무 많아."

처음에는 그냥 가벼운 궁금증에 툭 물어본 것이었다. 그런데 정말 즐거워하며 완전히 몰입하고 있는 동생의 눈을 보자, 갑자기 외로움의 발원지가 궁금해졌다.

물리적으로 '혼자 있는 것'과 '고독감'은 관련이 없다는 걸 인지하고 보니, 문득 친구가 한숨과 함께 흘렸던 말이 떠올랐다.
"나는, 연애가 이렇게 외로운 건지 몰랐어. 나 혼자 있었을 때는 이렇지 않았었는데…."
마음이라는 게 주는 만큼 상대에게 잘 도착하고 나에게도 그만큼은 와야 하는 거 아니냐고, 역설하는 친구의 말을 듣던 그때, 나는 짙은 고독의 색을 느꼈던 것 같다.

그렇다면 고독이란, 반송된 마음을 볼 때 느껴지는 감정이라고 설명할 수 있지 않을까. 내 마음이 도착할

곳을 잃고 툭 떨어져 발밑에서 먼지만 쌓여 갈 때 우린 그 쓸쓸함을 고독이라고 하나 보다.

혼자서 책을 읽고 영화를 보고 글을 쓸 때가 아니라, 연인과 싸우고 집에 돌아가는 길에, 누구에게도 말 못할 고민으로 한숨 쉴 때, 나의 마음과 감정에는 조금도 관심 없는 사람과 대화할 때 느껴지는 그런 감정.

그런 의미에서 고독은 꽤 명쾌한 해결법이 있는 듯하다. 반송된 마음은 내가 수신지를 다시 정하면 되는 것이니까. 발밑에 떨어진 감정 위의 먼지를 툴툴 털어내고 내가 내 마음을 만나줄 것인지, 아니면 다른 누군가의 이름을 써넣을 것인지, 결정하면 된다.

불현듯 '나 혼자 있을 때는 이렇지 않았어.'라는 친구의 말이 다르게 들려온다. 그때가 차라리 나았다는 게 아니라 '나는 혼자 있을 때 오히려 내 마음을 잘 돌볼 수 있었어.'라는 뜻이었을까. 돌이켜 보니 친구는 그 이

후로 외로움이 해결되기 전까지 누구와도 연애를 하지 않았던 것 같다.

고독함이 극심할수록 '혼자 있는 것'을 택해볼 필요가 있다. 어쩌면 우린 누군가를 만날 때보다 내가 내 마음을 잘 만날 때 가장 고독과 먼 상태에 있는 것인지도 모르니까.

믿어주는 것

 수십 년 동안 한 회사에 다니며 많은 인생 경험을 쌓은 70세 노인 '벤'은 은퇴한 이후 무엇을 해도 채워지지 않는 텅 빈 마음을 안고 일상을 보내고 있었다. 그러다 우연히, 인터넷으로 옷을 판매하는 신세대 회사에서 고령의 '시니어 인턴'을 뽑는다는 전단을 보고 지원하게 된다.

 그 회사의 대표는 단기간에 큰 성장을 이뤄냈을 정도로 열정과 능력이 출중한 30세 여성 '줄스'다. 완벽해 보이는 그녀에겐 인생의 슬럼프가 찾아왔다.

 설정이 아주 흥미로운 캐릭터인 벤과 줄스는 낸시 마이어스 감독의 영화 <인턴>의 주인공이다. 나는 이 영화를 볼 때마다 교생 실습을 했던 경험이 떠오른다.

실습생이었던 나는 당시 학생도 선생도 아닌 그 중간쯤 되는 상태인 채로 학교라는 공간에 떨어졌다. 한 달이라는 시간이 쏜살같이 지나갔다고 느껴질 정도로 정신없이 보내서, 기억이 많이 사라졌지만, 그럼에도 마음 깊이 선명하게 남은 것은 있었다. 선생님들뿐 아니라 학생들까지 그 공간의 모든 사람에게서 많은 도움과 응원을 받았던 경험. 바로 '믿어주는 것'의 힘을 느꼈던 경험이다.

그 기억 때문인지, 나는 대학을 졸업한 후에도 사수 선생님과 내가 맡았던 2학년 아이들이 종종 생각났다. 처음 보는 실습생인 나에게 많은 수업의 기회와 함께, 그에 비례하는 큰 격려를 건넸던 사수 선생님, 수업뿐 아니라 실습 후의 나의 미래까지도 응원해 줬던 아이들. 언제나 감정적으로 지지를 받았던 경험은 쉽게 잊히지 않고 힘이 되는 것 같다.

영화의 장면들이 스쳐 간다. 아무리 능력이 뛰어난

사람이더라도 혼자의 힘으로는 도저히 건너지 못할 크고 깊은 인생의 강을 마주할 때가 분명 온다. 영화는 줄스가 그 강 앞에 서 있다는 것을 알리며 시작된다. 좌절하고 있는 줄스의 앞에 나타난 시니어 인턴 벤. 나는 경력이 많은 벤이 무언가 뛰어난 해결책을 주려나, 기대했지만 그렇지 않았다. 그는 그녀의 상태를 유심히 살피고는 그저 옆에서 조용히 도와주며 당신은 앞으로도 잘할 거라고 믿어줄 뿐이었다.

줄스는 그 응원 속에서 자리를 털고 일어나 깊은 강을 담대하게 건너가게 된다. 물론 벤도 함께.

영화의 끝자락, 벤과 줄스는 사람들 속에 섞여 체조를 한다. 나는 거기서 주인공들이 이렇게 말하는 것처럼 느껴졌다.

"우리는 모두 인턴입니다. 인생의 경력자도 빠르게 변화하는 세상에 적응하는 일은 어렵고, 능력이 출중한 사람도 늘 새로운 문제를 던져주는 인생을 살아내는 건 쉽지 않지요. 그런 우리에게 힘이 되는 건 멀리 있지 않습니다. '이미 잘하고 있고, 앞으로도 잘할 거라고' 온전히 믿어주는 마음, 그 마음을 나눌 수 있는 사람이 곁에 있다면, 때때로 어려움을 만날지라도 행복한 걸음이 되지 않을까요? 우린 그렇게 확신합니다."

갑자기 비가 쏟아지더라도

 아는 동생에게서 오랜만에 만나자는 연락이 왔다. 종종 가던 대학로 카페의 아늑한 자리에 앉자마자 동생은 답하기 어려운 질문을 꺼냈다. "언니, 어떤 사람과 만나야 행복할까?" 최근까지 연애 상담에 등장하던 그 사람과 좋지 않게 끝난 모양이었다. "글쎄…." 무언가 적당한 답을 찾기 위해 고민하던 내 머릿속에 여러 장면이 지나다가 하나의 기억이 점차 선명해졌다.

 예년보다 길었다는 장마가 거의 끝나가던 어느 여름에 있었던 일이다. 당시 연애 중이었던 남편과 나는 바쁜 일상을 보내다 오랜만에 데이트를 나갔다.
 산책로를 유유히 걸으며 이야기를 나누던 순간, 내

손등 위로 물방울이 떨어졌다. 여전히 별이 나 있었고 길거리에 우산을 들고 다니는 사람도 없었는데 빠르게 거세지더니 장대비가 쏟아지기 시작했다. 길을 걷던 사람들이 다 비를 피할 곳을 찾아 뛰기 시작했고 우리의 걸음도 빨라졌다.

오랜만에 하는 데이트라고 실컷 꾸몄던 옷은 빗물의 무게로 처졌고, 손질했던 머리칼은 다 젖은 채 산발이 되어갔다. 열심히 손을 잡고 뛰던 우리는 갑자기 누가 먼저라고 할 것 없이 웃음이 터졌다. 무엇이 그리 즐거웠던 것인지. 겨우 좁은 처마 밑에 다다랐을 때 우린 엉망진창인데도 상쾌한 서로의 얼굴을 마주했다.

아무 말 안 했지만, 나와 남편은 같은 생각을 하고 있었다. 소낙비 속에 우산 없이 놓이더라도 우리가 함께라면. 어쩐지 미래가 그려졌다. 그렇게 산뜻해진 마음으로 서로의 겉옷에 스민 비를 짜내고는 우산을 사서 집으로 돌아왔던 것 같다. 조금 더 따뜻하게 느껴지는 손을 꼭 잡은 채로.

짧은 회상을 끝낸 나는 동생에게 한 마디만 전했다. "힘들어도 함께 웃을 수 있는 사람이라면 행복하지 않을까."

사실 매 순간 행복만을 전제하는 사랑이란 없을 것이다. 삶의 문제는 언제나 예고 없이 찾아온다. 사랑을 하게 되면 서로의 것까지 두 배로. 그럴 때마다 마음이 괴롭기도 하고 해결할 생각에 막막하기도 하겠지만, 그런 예상치 못한 어려움 속에서도 서로를 보며 틈틈이 미소 지을 수 있는 사람과 함께라면, 어떤 순간에도 '더' 행복할 수는 있다.

거센 장대비가 쏟아져도 내가 쥐고 있는 것이 그 사람의 손일 때, 무거워진 마음을 벗어 스몄던 불안감을 짜내고는 같이 한 발씩 나아갈 힘이 생기니까.

사랑의 진가는 그렇게 "함께라서 다행이야."라는 말이 나오는 관계에서 발휘되는 것 같다. 행복만을 전제하는 사랑은 없지만, 고난 중에도 행복을 전제하는 사랑은, 분명 있다.

빠른 세상, 느린 예술

 어느 나른한 오후, 대학 동기와 카페에서 책을 보고 있었다. 동기가 무언가 생각난 듯 입을 열었다. "그거 알아? 예술의 사조 이름은 조롱과 비판에서 따온 거래."

 꽤 흥미로웠다. 예술가는 늘 새로운 세계를 창작해 타인을 초대하고자 하는 갈망이 있는 사람이다. 그러나 예술을 수용하는 사람은 익숙한 것을 편애하니 사조의 대문을 연 사람들이 조롱을 들을 수밖에 없는 것은 어찌 보면 당연했다.

 현대 미술 전시를 가보면 느껴진다. 그동안의 익숙한

'좋은 예술'의 이미지를 산산이 깨버리는 작품을 보았을 때 찾아오는 혼란. 그 새로움은 신선한 충격을 준다. 이전처럼 좋은 예술의 틀이 확실히 있던 시대에서는 새로운 시도가 받아들여지기 힘들만도 했겠다는 생각이 든다. 그럼에도 나의 독창적인 세계를 드러낼 수밖에 없는 예술가의 열망은 슬프고도 매혹적인 숙명이리라.

예술은 그러나, 작가의 세계만을 나타내는 것은 아니다. 어떤 예술도 세상의 모습에서 독립적일 수는 없다. 사실 세상이 독창성을 유도한다고 봐도 틀리지 않을 것이다. 그래서 궁금해졌다. '지금의 예술은 세상의 어떤 모습을 담고 있을까.'

그에 대한 답을 찾고자 진행 중인 전시 목록을 살피던 나는, 시선을 끄는 전시를 발견했다. <행복을 찍는 사진작가 안나 & 다니엘>이라는 제목의 사진전이었다.

전시실 입구에서 집어 든 팸플릿에는 이렇게 적혀 있었다. "안나와 다니엘은 우리의 평범한 일상에서 영감을 받아 '디지털 편집을 배제한 채' 초현실적인 장면을 창조한다."라고. 조금 의아했지만, 전시실에 들어서자마자 그게 무슨 말이었는지 알게 되었다.

 분명 '사진전'인데, 마치 그림 속에 사람을 합성한 것 같은 느낌이었다. 안나와 다니엘은 우리가 수도 없이 지나쳐가는 건물이나 풍경을 주의 깊게 살피고, 기발한 상상을 더해 찍고 싶은 사진을 '스케치'했다. 그 후 필요한 소품을 모두 '직접 만들어' 풍경에 더한 후 사진을 찍었다. 마치 포토샵으로 편집한 것처럼 보이도록.

 꽃의 일부가 된 건물과 사람, 그랜드 피아노가 된 어느 건물의 창문, 사람이 들고 있는 풍경의 한 조각… 재미있게도, 긴 시간을 들여 창조해 낸 사진은 그것을 보는 사람들도 더 집중하여 오랫동안 사진을 보게 만들었다. '편집하지 않았는데, 이건 어떻게 찍은 것일까?' 하면서. 그렇게 관찰하다 보니 안나와 다니엘이 걸어온 과정이 눈에 선했다. 사진이 아니라 작품에 녹여 낸 시간을 보는 것 같은 기분이 들었다.

전시실의 중간쯤에 오니, 그들이 사진 한 장을 남기기 위해 겪은 과정을 찍은 영상이 나오고 있었다. 말은 하지 않았지만, 작업 내내 떠나지 않는 미소와 행복한 표정에서 생각이 들려왔다.

"누군가는 효율적이지 않다고 하겠지. 그런데 이렇게 즐거운 걸 하지 않을 이유가 있어?"

'느림'이 독창성이 된 그들의 예술은 '빠른' 세상의 모습을 담고 있었다. 느림이 주는 아름다움과 행복을 보여주며 효율이라는 가치에 매료된 세상에 대한 경각심을 불러일으켰다. 많은 생각이 스쳤다. 우리는 왜 매번 '빨리, 빨리'를 외치는 걸까. '국가 번호조차 82'라는 우스갯소리가 있을 정도로 빠른 것을 추구하는 우리가 잃어 온 것은 무엇일까.

생각해 보면 꼭 이렇게 의도적으로 '빠름'을 배제한 예술이 아니더라도, 우리가 '아름답다'고 하는 것들은 언제나 신속하게 완성되는 법이 없었다. 그리고 급하게 지나쳐가는 사람에게 그런 아름다움은 절대 발견되지 않는다.

예술은 이렇게 느림이 위협받는 세상에서도 반항아처럼 느림 속의 가치를 더욱 빛내며 우리에게 말을 건네고 있다.

'어떤 길을 걷는지조차 모르게 휙 하니 지나쳐가지만 말고, 가끔은 느린 속도로 순간을 만끽해 보라고. 빠름이 필요 없는 시기가 되면 돌아볼수록 아쉬울 것들이 차고 넘치게 많다고.'

'아름다운 건, 여유를 가져야 발견할 수 있다고.' 어쩌면 우린 지금도, 천천히 걸어야 보이는 행복들을 수도 없이 지나치고 있는지 모른다.

제4부

불확실한 미래에
확실한 행복을 두기

훗날의 약속

 추억이란 참 짓궂다. 잘 잊고 살다가도 문득 튀어나와 내 하루를 지배하고, 한 번쯤은 다시 그 추억의 장소로 돌아가 보게 만든다. 잘 남아 있으면 그저 좋으련만 도착한 그곳은 이미 시간과 함께 많은 것이 쓸려가 내 기억 속의 모습과는 많이 달라져 있다.

 하루는 버스를 타고 가다 예전에 살던 동네를 마주쳤다. 버스의 창밖으로, 내가 다니던 초등학교로 향할 수 있는 좁고 긴 골목이 보이자 나는 원래 이곳에 오려 했던 사람처럼 자연스럽게 내렸다. 거의 20년만인가. 이곳은 분식집과 문구점이 즐비해서 많은 아이의 아지트였던 골목인데, 지금은 아이들의 왁자지껄한 모습을 연상하기 어려울 정도로 변해있었다. 내가 아는 풍경이라고는 골목의 모양뿐인 그곳에서 나는 지나간 세월을 느끼며 학교가 있는 방향으로 향했다. '학교도 이 골목처럼 변했을까?'

도착해 보니, 역시 내 기억에 남아 있는 모습과는 꽤 달랐다. 구름다리와 정글짐, 다양한 놀이기구가 있던 터는 주차장이 되어 버렸고, 넓은 운동장만 휑하니 나를 반겼다. 조금 씁쓸했다. 이미 초, 중, 고, 대학까지 모교가 4개는 넘는 이 나이에 사실 별스러운 것도 없지만 이 학교가 유난히 마음에 남아 있는 이유가 있다. 한 친구와의 소중한 추억이 있기 때문이다.

초등학교 1학년 때였다. 당시 가장 친했던 친구 A는 루마니아분인 어머니를 닮아 짙은 이목구비와 유독 빛나는 눈이 매력적인 아이였다. 나와 A는 학교에서 항상 같이 다니는 걸로도 모자라 하교 후에 서로의 집에 번갈아 놀러 가며 많은 시간을 함께하곤 했다. 가족들과도 친하게 지냈으니 그 나이대 쌓을 수 있는 귀한 추억은 모두 쌓았던 돈독한 사이라고 할 수 있겠다.

  그런데 예상치 못한 일이 생겼다. 3학년이 되기 전 겨울, 여느 때처럼 같이 하교하고 있었는데 A가 갑자기 걸음을 멈추고 뜸을 들이더니 울먹이면서 말했다. 멀리 이사하게 되었다고. 며칠 뒤에 자기 어머니의 나라인 루마니아로 가게 된 것이었다.

  말로만 들어 보았지, 정확히 어디 있는지, 얼마나 먼지 짐작도 안 되는 곳에 가장 친한 친구가 가게 되다니. 지금이야 어린이들도 휴대전화를 당연하게 들고 다니지만, 그때는 그렇지 않았기 때문에 '연락을 할 수나 있을까, 영영 못 보는 것은 아닐까.' 하며 덜컥 겁이 났다.

  그래서 우리는 이사 전날 만나서 한참을 울먹이며 이야기하고는 얼굴이 불그스름해진 채 새끼손가락을 걸었다.

"우리 17살이 되는 날 꼭, 학교 구름다리 앞에서 만나자."

"응, 꼭 만나는 거야."

지금처럼 같이 자라지 못하더라도 앳된 티를 벗은 서로의 모습만큼은 볼 수 있지 않을까 하는 기대를 하면서.

그러나 친구를 보내고 며칠이 지나지 않아, 앳된 티를 못 벗은 우리가 큰 실수를 한 것을 깨달았다. 아끼던 공책에 친구와의 약속을 적으려다 보니, 정확한 날짜와 시간을 정하지 않았다는 게 떠오른 것이다. 문자 그대로 심장이 철렁했다. 얼마나 상실감이 심했으면 그렇게 중요한 사실을 둘 다 알아차리지 못한 걸까. 이미 친구는 떠나버렸고 연락할 방도가 없으니, 며칠은 상심하여 우울하게 보냈던 것 같다.

나는 지금도 어린 시절을 떠올리면 그 친구와의 약속이 가장 먼저 생각난다. 정확하게 날짜와 시간을 정하였다면 아마 우린, 우리의 키보다 작아진 구름다리 앞에서 훌쩍 자라버린 서로의 모습을 볼 수 있었을 텐데.

아담했을 시절의 기억을 더듬으며 앞으로는 연락하고 지내자고 했을 텐데. A도, 17살이 되던 날 나를 생각했을까.

그러나 처음부터 지키지 못할 약속이었을지라도 그 약속은 어렸던 나에게 살아갈 힘이 되었다. 미래를 기약한 소중한 관계가 있다는 사실은, 서로를 잊지 않겠노라 다짐했던 약속에 묻어 있는 마음은, 따뜻한 기대와 설렘을 안겨주었다. 약속을 주고받은 인연을 쉽게 잊을 수 없는 이유는 여기에 있다. 약속은 미래를 기대하게 만드니까. 그 사람과 나의 마음을 실로 묶어내니까.

아마 생을 다할 때까지 그 친구를 만날 수 없겠지만, 서로의 먼 훗날, 어느 순간에 함께 있자고 다짐했던 약속은 여전히 행복으로, 혹시 모른다는 기대로 내게 남아 있다.

떠나갈 사람뿐 아니라 자주 보는 친구도, 연인도, 가족도 마찬가지인 것 같다. 종종 함께 미래를 약속할 때,

관계에 더 큰 기쁨과 정이 스민다. 소중한 사람과 맺는 훗날의 약속은 미래에 행복을 심어두는 가장 낭만적인 방법인지도 모른다.

계절을 만끽하기

 봄은 누가 뭐래도 탄생의 이미지가 가장 짙은 계절이다. 겨울의 변덕으로 땅과 시내가 얼었다가 녹기를 반복하고는 봄비가 한차례 내리면, 물기를 한껏 머금은 땅은 많은 것들을 밖으로 밀어 내보낸다.

 그맘때쯤 길거리를 걷다 보면 어떻게 흙을 뚫고 나왔을까 싶을 정도로 작디작은 꽃들이 고개를 내밀고 있는 것을 볼 수 있다. 그런 연약한 꽃들은 감탄스러운 생명력을 보여준다. 단단함을 뚫은 여린 줄기. 특히나 도저히 무엇도 움틀 수 없어 보이는 벽돌 사이를 비집고 나온 이름 모를 풀꽃들이 이 계절의 정수를 보여준다.

그렇게 은은한 봄을 감상한 뒤 눈을 들어보면 더 화려한 봄이 보인다. 눈이 내려앉은 듯 가지마다 하얀 벚꽃이 무성하게 달려있다. 바람이라도 한차례 불면 꽃비가 흩날리며 환상적인 분위기가 조성된다.

사람도, 그 풍경을 따라 옷차림이 산뜻해진다. 포근한 색의 얇은 겉옷을 걸친 사람들은 하얀 꽃으로 가득한 길거리를 알록달록하게 장식한다.

봄이 만개한 그 장면은 보면 볼수록 너무 아름다워서, 아쉬워진다. 4월만 되면 갑자기 그 길거리의 풍경이 떠올라 비가 오지 않기를 바라게 될 정도로.

그러나 재밌는 건 비가 꽃잎을 모두 쓸고 가도 그 아쉬움을 덮어버리려는 듯 초록 잎이 빠르게 우거지기 시작한다는 것이다. 멀리 보이는 산도 그 어느 때보다 선명한 초록빛으로 푸르르고, 사람들은 약속이라도 한 듯 청량한 색의 옷을 입는다. 나는 그때도 이 풍경이 오래가길 바라지만, 알고 있다. 곧, 아주 조금 시원해진 바람과 함께 코스모스가 얼굴을 내미는 초가을이 올 거란 사실을.

그렇게 계절은 경연 대회를 하듯 각자의 아름다움을 뽐낸다. 아쉬울 정도로 멋진 장면을 보여주고는 박수가 쏟아질 때 떠났다가, 잊어버릴 즈음 다시 돌아온다. 잠깐 눈을 돌렸을 뿐인데 또 다른 계절의 매력적인 풍경이 성큼 돌아와 이전에 느꼈던 감동을 선사하는 것을 나는 자주 느끼곤 했다.

그래서 어느 시기만의 특별한 매력을 아는 것은 미래에 확실한 행복을 마련해 두는 행위라고 할 수 있다. 계절은 돌아오니까. 1월과 5월의 다름뿐 아니라 6월과 7월의 미묘한 차이를 알고 있으면 자꾸 며칠 후에 볼 수 있을 아름다움이 기대된다. 일 년 열두 달 그 시기만의 찬란함을 충분히 누릴 수 있게 되는 것이다.

갑자기 떠오르는 용어가 있다. 우리는 때와 장소, 상

황에 맞게 옷을 입자는 뜻으로 'TPO'라는 말을 많이 사용한다. 이 말을 삶을 만끽하는 태도에도 적용해 볼 수 있지 않을까. 시기마다 '기대'를 옷처럼 입는 것이다. 내가 유독 행복을 느꼈던 것들로.

다시 올 그때만의 풍경을 섬세하게 느끼고, 그 시기에만 맛볼 수 있는 음식을 먹고, 그때만 입을 수 있는 옷을 입어야겠다는 마음으로 기다리다가, 때가 왔을 때 만끽하는 것.

그렇게 기대를 입는 태도를 지닌 사람은 매일 어떤 시기에 놓여있다는 이유만으로도 충분히 행복할 수 있다. 추위가 가시지 않은 이른 봄에도, 무더운 여름의 끝자락에도. 그날만의 아름다움을 아니까.

행복 침체기

거의 30대에 접어든 친구들과 만나 각자의 삶을 나누다 보면 이 나이쯤 사람이 두 부류로 나뉜다는 것을 알게 된다.

피곤해서 다크서클이 내려왔지만, 눈을 반짝이며 "요새 취미로 OO를 시작했는데 너무 재밌어."라고 말하는 사람과, "요새는 삶이 재미가 없어. 힘드니까 쉴 때도 핸드폰만 보게 돼."라고 말하는 사람.

아이러니하게도 정신없이 바쁘고 힘들 때보다 무료할 때 사람은 더 울적해진다. 이 시기가 아무래도 그런 때인가 보다.

어린 티를 벗어 던지고 어른의 옷을 입어야 하는 사

회 초년생 시기를 지나와서, 일에 제법 노련해지고 나니 단조로운 일상에 불쑥 권태감이 찾아오는 것이다. 그렇다고 대단한 재미를 느낄 무언가를 시작하기엔 하루가 짧고 몸이 피로해질 거라는 생각에 고민하게 된다.

그렇게 행복 침체기를 극복해야 할 상황에 선 사람들은 서로 다른 취미를 선택하고 위의 두 부류로 갈린다. 생산적인 취미를 즐기는 사람과, 소비하는 취미를 즐기는 사람으로.

나는 취미에 대해 논할 때면 할아버지가 떠오른다. 아흔에 가까웠던 할아버지는 걸음은 느렸지만 젊은 사람보다도 자주, 먼 곳까지 걸었고, 온종일 무언가 하느라 바쁘게 시간을 보냈다. 할아버지는 취미도 많았는데, 그중 가장 내 관심을 끌었던 취미는 액세서리 제작이었다.

할아버지의 큰 '취미 보따리'에는 언제나 액세서리를 만들 수 있는 각종 재료와 도구들이 꽉 차 있었다. 어느 장소에 가든지 그 가방은 할아버지의 등에 거북의 등 껍데기처럼 붙어 있었다. 각종 보석을 보따리에 짊어지고 유유히 다니는 할아버지. 전래동화에서나 나올 법한 캐릭터인 할아버지가 자랑스러우면서도 그것이 취미로 자리 잡게 된 이유가 궁금했다.

하루는 할아버지가 아침부터 돋보기안경을 끼고 집중하고 있었기에 슬쩍 옆에서 구경하며 물어보았다.
"할아버지, 액세서리 만드시는 거 어렵진 않으세요?"
할아버지는 내 질문에 웃으면서 답했다.
"원래 어려워야 재밌어. 늙은 할아비가 이거 아니면 눈 아프게 집중할 일이 뭐가 있니. 하나 예쁘게 완성했을 때 기분이 아주 좋아."

대화하는 중에도 색색의 구슬을 엮느라 집중하고 있는 할아버지를 보자 나도 자연스레 미소가 지어졌다.

할아버지는 그날 완성한 오색찬란한 팔찌를 내게 끼워주었다. "예쁘지?" 하며 뿌듯해하는 할아버지의 얼굴에 핀 기쁨은 몇 년이 흐른 지금도 여전히 잊을 수 없다. 할아버지가 그날 나에게 준 건 팔찌가 아니라 행복해지는 비법이었다.

SNS와 인터넷은 우리의 마음을 사로잡으려는 듯 끊임없이 웃음거리를 주는 콘텐츠를 생성하고, 우리는 그것을 소비하여 재미를 느낀다. 단조로운 일상에 지쳐 쉴 때면, 가장 얻기 쉬운 즐거움에 손이 먼저 가는 건 당연하다. 나 역시 무료하던 시기에 귀여운 강아지 영상에 푹 빠졌을 때가 있었다. 대가를 지불하지 않아도 느낄 수 있는 즐거움. 간편했다.

그런 취미가 나쁜 것은 아니지만, 소비함으로써 얻는 즐거움은 절대 오래가지 않는다는 것이 문제라면 문제다. 만족감과 오래 지속되는 기쁨은 스스로 무언가 생산해 내는 행위에서 온다. 생각이든, 물건이든. 체력이

든. 새로운 것을 만들어 내는 일에서.

  행복 침체기가 오래도록 계속될 때 불쑥 창조적인 취미에 대한 열망이 샘솟는다면, 그것을 모르는 체하며 넘기지 말고, 한번 잡아 보자. 어쩌면 우리가 손쉽게 얻고 있는 즐거움은 더 깊은 행복을 대가로 얻어 온 것인지도 모르니까.

지란지교(芝蘭之交)

"인생에 친한 친구는 딱 3명만 있어도 성공한 거야."
사회에 나와보니 이 말이 깊이 와닿기 시작했다.

마음 맞는 친구를 찾기가 쉽지 않은 복잡한 사회 속, 당장 주위만 둘러봐도 얼마나 빈껍데기 친목이 많은가. 어쩔 수 없이 해야 하는 사회생활처럼 친구 관계를 억지로 유지하고 있는 모습이 참 많이 보인다. 고단한 일이다.

그러나 비어 있는 관계보다 더 문제인 것이 있다. 바로 악의나 불쾌함이 채운 관계다. 너무 싫은데도 그 마음을 숨기고 계속 교류를 이어가는 것만큼 상대와 나를 모두 망치는 행위가 있을까. 결국엔 순간순간 덮어

둔 마음이 튀어나와 서로를 상처 입히게 되는 것을 정말 많이 보았다.

　나도 그런 관계로 인해 상처받았던 적이 있었다. 진심을 주어도 진심이 돌아오지 않는 관계는 아픔만 남긴다. 보통 그렇게 무언가 못마땅한 마음이 있는데도 친목을 유지하는 사람들은 언어를, 생각을 담는 그릇보다는 생각을 숨기는 가면으로 사용한다. 그리고 자신이 그런 방식으로 언어를 사용하다 보니 상대의 진심을 왜곡하는데 능했고, 말에 가시를 숨기거나, 웃음 뒤에 경멸을 두기도 했다. 사소한 행동에서도 언제든 관계에서 발을 뺄 준비가 되어 있는 태도가 드러났다.

　그런 경험을 하게 되면 자연히 마음의 문이 닫힌다. 새로운 사람을 만나게 되어도, 그 사람이 나에게 상처를 준 사람과 같지 않을 거라는 걸 알지만, 친해지고 싶은 마음을 숨기고 적당한 거리를 둔 채로 상대를 대하게 된다.

그래서 나이가 들어도 '좋은 친구'를 사귀는 일은 여전히 어려운 숙제로 남는 건가 보다.

그렇게 주변 사람들과 적당한 거리만을 유지하며 살던 중 나는 Y를 만났다. Y는 사람을 끌어당기는 매력이 있었다. 처음에는 그것이 눈에 띄게 예쁜 외모와 털털한 성격 때문인가 싶었지만, 지내다 보니 더 결정적인 매력이 눈에 들어왔다. 티 없이 맑은 진심으로 대하는 Y의 능력이 약간의 거리를 두고 서 있는 사람들마저 모두 끌어당기고 있었던 거였다.

진심을 전하면 더 큰 진심으로 돌려주고, 나라는 사람을 왜곡하지 않고 있는 그대로 봐주는 사람. 말 뒤에 숨겨진 부정적인 의도가 있지 않다고 확신할 수 있는 사람. 그런 Y를 보며 나는 결국 마음을 열게 되었다.

'지란지교(芝蘭之交)'. '지초와 난초의 교제'라는 뜻으로, 친구 사이의 맑고도 고귀한 사귐을 이르는 말이다.

Y를 떠올리면 늘 이 말이 생각났다. 좋은 사람이 건네는 진심은 여름 하늘의 색을 닮아서, 건네받은 사람도 자꾸 덩달아 맑아진다. 하늘과 수평선으로 맞닿은 바다가 그 맑고 청량한 빛을 담듯이, 자연히 닮아가게 되는 것이다.

진정 좋은 친구란, 이렇게 자신의 투명한 진심으로 마음의 창을 열어버리는 사람이 아닐까. 그렇게 열린 창으로 마음에 잔류 되어 있던 탁함까지도 날아가 사라지게 되면, 그 관계 속엔 상쾌한 것들이 오간다. 어려운 순간에 서로를 붙잡는 힘, 본받을 만한 좋은 점, 함께하는 오늘의 기쁨과 기대되는 미래까지.

그러니 만약 '친구'라는 이름 안에 묶여 있는데도 나의 하루를 한없이 피로하게만 만드는 관계가 있다면 한번 돌아볼 필요가 있다. 마음의 창이 굳게 닫혀 있는 이유가 무엇인지. 진심에서 풍기는 향에 그 창을 열어젖힌 경험이 단 한 번도 없었던 것은 아닌지.

맑은 사귐이 있었던 하루엔 정말이지, 새벽녘이 올 때까지도 설명할 수 없는 상쾌함이 계속 어려있는 것을 느끼게 된다.

의미 없는 관계를 유지하며 나의 하루를 망치지 말자. 날이 갈수록 더 나은 내가 되고 싶다면, 산뜻한 행복을 쌓고 싶다면, 누군가에게 진심을 전하는 사람이 되어 주고 나 역시 그런 사람과 함께 해야 한다는 것은 두말할 필요도 없을 것이다.

행위의 목적

 사람들은 어린아이에게서 부모님의 흔적을 찾는 것을 즐거워한다. 나 역시 학원 일을 할 적에 특히 예뻐하는 아이들의 부모님이 방문하면, 의도하지 않아도 자연스럽게 그 아이와 부모님의 닮은 점을 먼저 보게 되곤 했다. '부모님을 닮아서 심성이 고운 거였구나.' 혼자 흐뭇해하면서.

 보통 그런 식으로 닮은 점을 인지하기만 하고 끝나는 경우가 대부분이지만, 더 사적인 관계에서는 친밀감의 표시, 혹은 칭찬으로 그것을 아이에게 전달하기도 한다. 아이의 외모, 성격, 재능 어디에서든 부모에게서 물려받았음이 틀림없는 장점이 보이면 '넌 엄마를 닮아 눈이 예쁘구나.' 혹은 '넌 아빠를 닮아 이런 것에 소질이 있구나.' 더 나아가서는 '너 이다음에 커서 부모님과 같은 일을 하면 잘하겠다.'까지.

참 타당한 칭찬이다. 그러나 어릴 적의 나같이 이상하게 완벽주의 성향이 강한 아이들에겐 그러한 칭찬이 흡수될 때 간혹 부작용이 생긴다. 어른들이 흘리듯 하는 그 말에도 감명 깊어하며 기대를 저버리지 않으려 노력하게 되는 것이다.

내가 어릴 적에 수도 없이 들었던 말은 "아빠를 닮아서 시를 잘 쓰네."였다. 당연히 대단한 글을 써내서 그런 것이 아니라 부모와의 닮은 점을 찾은 어른의 칭찬일 뿐이었다.

보고 자란 것이 있다 보니 나에겐 글을 쓰는 것이 재밌는 놀이였다. 7살 때는 아빠의 시인 홈페이지 게시판에 거의 하루에 한 번씩 시를 써서 올리곤 할 정도로 열정이 넘쳤다.

그렇게 처음에는 즐거워서 시작한 글쓰기였는데, '아빠를 닮았다'라는 칭찬 댓글이 많이 올라오는 것을 인지했을 즈음 글 자체가 부담스러워지기 시작했다. '나는 글을 잘 써야 하나 봐.'

그 후로는 단어 하나가 마음에 들지 않으면 글을 완성하지 못했고, '누군가를 만족시키지 못할 거라면 아예 쓰지 않는 것이 낫겠어!'라는 슬럼프가 온 직업 작가들이나 할 법한 고민을 하며 괴로워했다. 학교에서 떠밀려 나간 백일장 글을 쓸 때도 원고지를 들고 얼마나 오래 고민했는지 모른다.

지금 생각해 보면 나는 그때 '누군가를 만족시키려는 것이 유일한 목적인 행위'가 안겨주는 부작용을 처음으로 겪은 것 같다. 결과물이 다른 사람의 마음에 들지 않을 때 모든 노력이 내 속에서조차 부정당할 거 같아서 글을 쓰는 것이 무서웠다.

성인이 되어 처음으로 나를 위한 글을 쓰기 시작했을 때, 깨달았다. 내가 글을 쓰기 싫어했던 건 그 목적에서 오는 불안감 때문이었다는 것을.

불안감이 사라진 글쓰기는 결과와 상관없이 열정으로 시작해서 행복으로 끝났다. 그렇게 행위의 목적이 바뀌고 나서 글을 쓰던 어느 날, 혼자 종이를 구기며 심각해 했던 꼬마 시절을 떠올리니 웃음이 났다. 그저 즐겼으면 좋았을 텐데.

어떤 일을 할 때, 목적만큼 중요한 건 없다. 선택의 기로에 서 있다면 꼭 생각해 보자. 내가 이 일을 통해 도달하고자 하는 목적지는 어디인지. 그것이 이 일을 하는 적절한 이유가 되는지.

물론 누군가를 만족시키려는 목적으로 시작하여도 좋게 발전하는 경우도 많고, 큰 원동력이 되기도 하지만, 그것만이 목표가 되어버린 행위는 언젠가 나를 괴롭게 할 가능성이 농후하다. 시작이 어떻든 결국은, 그

바통이 남이 아닌 나에게로 넘어와야 한다.

중요한 일일수록 내가 처한 상황이나 가족의 의견 등을 아예 배제할 수는 없겠지만, 내 의견이 사라져서는 안 된다. 그 선택에 따르는 과정과 책임은 오롯이 나에게 있다는 사실을 기억해야 한다. 목적도 이유도 다른 사람을 향해 있는 채로 선택해 버린 길에는 후회만이 남는다. '그냥 내가 꾸준히 쌓아온 대로 내 마음이 이끄는 대로 나의 능력과 시간을 쏟아볼 걸. 이 과정과 결과를 오롯이 지고 가는 것은 나인데.' 그런 생각을 하게 될 것이 분명하다.

어쩌다 쾌거를 이뤄냈다 해도, 모두 웃고 있는 그 순간에 지치고 괴롭기만 한 나의 모습이 보인다면 이루 말할 수 없는 허망함이 느껴지지 않을까.

그러니 우리는 중요한 선택일수록 내면의 소리에 귀 기울여 볼 필요가 있다. 내가 원해서 열정을 가지고 하는 일이어야 어떤 순간에도 행복할 수 있다.

나의 삶과 내 선택을 온전히 안고 갈 사람은 나뿐이라는 사실을 기억하자.

기꺼이 도전하는 용기

 몇 년 전 봄의 끝자락에 있었던 일이다. 그날은 아주 화창한 주말이었다. 오랜만에 본가에서 영화를 틀고 여유를 즐기고 있는데 볼일 보고 오겠다던 엄마에게서 전화가 왔다. "얼른 나와봐. 화단으로!" 웬일인지 한껏 들뜬 목소리였다.

 나가 보니 엄마는 화단에서 쭈그린 채 무언가를 계속 만지작거리고 있었다. 나는 가까이 다가가서 들여다보았다. 웬 나무젓가락이 흙에 꽂혀 있었다. 다소 놀란 얼굴로 이게 무어냐고 묻는 나를 보며 엄마는 보리수나무라고, 2년이면 빨간 열매가 맺힌다고 말했다.

 솔직하게 말하자면 엄마가 잘못 사 온 게 아닐까 하

는 생각을 했다. '잔가지조차 없는 저 빳빳하고 연약한 줄기가 나무가 된다고?' 오래 방치되었던 흙에 심긴 볼품없는 묘목. 몇 년 후의 잘 성장한 모습이 전혀 그려지지 않았다.

이전부터 엄마가 과실나무에 로망을 가지고 있었던 것을 알기에 더 튼튼한 묘목으로 바꿔치기할까 하는 생각도 했었다. 그래서 한동안은 본가에 가게 되면 슬쩍 다가가서 조금이라도 자라고 있는지 쓰러져 있지는 않은지 확인하곤 했지만, 2년이라는 숫자가 머릿속을 스치며 아득히 느껴져 화단을 보지 않게 되었고, 서서히 기억에서 흐려졌다.

그런데 며칠 전, 그 '보리수'에 관한 뜻밖의 소식이 들려왔다. 놀랍게도 약 5년 만에 열매가 맺힌 것이었다. 식물을 처음 키워본 엄마는 조금 서툴렀지만, 햇볕이 더 잘 드는 자리로 옮겨 심어도 보고, 거름도 주며 애정 어린 손길로 키워냈다고 한다. 엄마는 긴 고전 끝에 승리한 소식을 전하는 사람처럼 신이 나서 말했다.

"올해 초부터 보리수 키가 부쩍 자랐었거든. 잔가지 두어 개가 크게 뻗더니 얼마 전에 꽃이 피었더라고. 예상보다 3년은 더 걸렸지만, 열매가 열린 것을 보게 되어 기쁘네."

엄마의 메신저 프로필 사진에 자랑스럽게 올라온 보리수를 보며 나는 생경한 기쁨을 느꼈다. 볼품없는 크기로 비옥하지도 않은 흙에 심겼었지만, 시작하니까 결국 결과를 냈구나. 미래가 보이지 않는다고, 느리게 자란다고 시작조차 하지 않고 포기했다면 분명 지금까지도 쓸모없는 땅만 휑하니 남아 있었을 터인데.

살아갈수록 무언가 시작할 용기를 낸다는 것이 쉽지 않음을 느낀다. 애석하게도 용기 있게 도전해 봤기 때문에 새로운 시작의 두려움을 아는 것일 테다. 그래서 나이가 들고 경험이 쌓일수록, 결과를 낼 확률이 낮고 뒤처질 것 같으면 시작도 안 해보게 되는 일이 많아지는 것 같다.

그러나 시작하지 않으면 아무것도 남지 않는다. 내가 가진 것이 '초라한' 열망뿐이라고 저 비옥한 땅에 심긴 튼튼한 나무를 부러워만 한다면 아무것도 피어나지 못한다. 더디게 자랄까 근심하면서도 우선 심는다면 결국 싱그러운 결과물을 얻게 되잖나. 그 연약했던 보리수처럼. 혹여 탐스러운 열매를 맺지 못하더라도 가지가 자라는 순간, 꽃이 자라는 순간을 경험하게 된다는 것이 더 중요하다.

가끔은 심장이 간지러울 정도로 정말 참을 수 없는 마음이 움틀 때가 있다. 그렇게 나를 흔드는 것이 생겼다면, 주저 말고 기꺼이 도전하자. 시작하면, 뭐라도 생겨난다.

마르고 황폐한 땅을 비옥하게 만드는 가장 효과적인 거름은 우리가 초라하다고 치부했던 열망을 심는 바로 그 용기인지도 모른다.

노마지도(老馬知途)

 화창한 주말 오후, 구름이 흐르는 속도가 빨랐는지 햇빛이 창을 요란하게 비추었다가 사라지는 것을 반복하고 있었다. 나른한 몸에 젖어든 정신을 간신히 깨우며 글을 쓰던 나는 잠을 완전히 몰아낼 요량으로 집 근처 공원으로 향했다.

 공원에는 주말답게 가족 단위로 나와 여유로운 시간을 만끽하고 있는 사람들이 많았다. 어린아이들의 웃음소리, 간간이 섞여 들리는 새소리. 오늘만큼은 걷기보다 그 평화로움 속에 섞이고 싶었던 나는 벤치에 앉았다. 한참을 앉아 있는데 저 앞쪽 화단에서 할아버지와 손을 잡고 걸으며 대화하는 아이가 보였다.

"할아버지, 비둘기는 왜 걸어 다녀?"

답을 듣기도 전에 아이는 새로운 질문을 던졌다.

"할아버지, 비둘기는 둥지가 어디 있어? 이 많은 새가 다 같이 살아?"

초롱초롱한 눈빛을 보내며 대답을 기다리는 아이. 할아버지는 아이와 눈을 맞추며 말했다.

"음…. 뛰다가 지치면 걷고 싶을 때가 있잖아. 비둘기도 그런 거 아닐까? 비둘기 둥지는 할아버지도 본 적은 없는데, 나중에 보게 되면 알려줄게. 우리 강아지는 비둘기가 어디 사는 거 같아?"

아이는 할아버지의 대답에 만족한 듯 신이 나서 자기 생각을 이야기했고, 그 뒤로도 아이의 새로운 질문으로 시작하는 대화가 행복한 웃음과 함께 오래 이어졌다.

처음에는 '우리 강아지'라는 정겨운 애칭과 흐뭇한 장면에 미소가 지어졌을 뿐이었는데 갈수록 할아버지의 사랑이 담긴 답변이 귓가에 맴돌아 마음이 따뜻해졌다.

아이의 할아버지는 손주에게 진정 필요한 것이 무엇인지 알았다. 아이는 궁금증도 물론 있었겠지만, 할아버지가 자신의 질문에 완벽한 답을 내주길 바라서 질문했던 것은 아니었다. 그저 자신의 질문이 하나도 땅에 떨어지지 않고, 관심 가득한 답변으로 돌아오는 그 순간이 행복했던 것이다.

아이의 즐거워하는 웃음과 걸음걸이를 보며 덩달아 미소가 떠나지 않던 할아버지의 표정이 나는 아직도 기억에 선하다.

불현듯 고등학생 때 친구에게 들었던 일이 생각났다.

"내가 있지, 과외 전에 이론을 공부하다가 이해가 안 되는게 있어서 다음 수업 때 여쭤봤거든, 그런데 선생님이 뭐라고 하셨는지 알아?"
"뭐라고 하셨는데?"
"대강 설명을 해주시더니, 수능 얼마 안 남았다고 이

런 거 공부할 시간에 문제를 하나 더 풀라고 하시더라."

나는 그 말을 듣고 적잖이 놀랐었다. 학생의 하루와 공부 의욕은 선생님에 의해 많이 좌지우지된다는 것을 알고 있었을 텐데. 꾸중보다는 더 좋은 말로 대체할 수도 있었을 텐데. 그리고 깨달았다. 지식과 지혜는 다르다는 것을.

사람의 지혜는 자기 인생의 문제를 해결할 때도 드러나지만 자신보다 어린 사람을 대할 때 더 여실히 드러난다. 지혜는 지식과 달리 바로바로 쌓을 수 없다. 경험한 것을 여러 번 체에 담아 불순물과 필요 없는 내용은 모두 걸러낸 뒤 나온 정수(精髓), 그렇게 추출된 경험의 의미를 찾아야 비로소 나의 지혜가 되는 것이다.

나이가 많고 경험이 많은 것이 꼭 '지혜롭다'로 이어지지는 않는 것을 보면 그 과정이 얼마나 중요한지 알 수 있다.

'노마지도(老馬知途)'라는 말이 있다. '늙은 말이 갈 길을 안다.'는 뜻으로, 연륜이 깊거나 경험 많은 사람이 갖춘 지혜를 말한다. 나는 여기서 말하는 '지혜'가 필시 그 연륜과 경험에서 얻을 수 있는 귀한 의미를 추출하는 데 성공한 것들만을 뜻한다고 믿는다. 나이와 경험만큼 지혜도 자연히 쌓인다고 착각해서는 정말 지혜로운 사람이 될 수 없다.

어릴 때는 멀어 보이던 나의 40살, 50살, 노인의 시기가 그리 멀지 않게 느껴진다는 생각이 들 때면, 꼭 한 번쯤은 떠올려 볼 필요가 있겠다. '나는 과연 쌓인 경험만큼의 지혜를 갖추고 있는지.' '지혜가 아닌 지식만으로 살아가고 있지는 않은지.'

그 생각을 품고 노력하는 사람의 미래는, 확실히 달라진다.

결혼이란

결혼만큼 삶의 색과 농도를 완전히 바꾸어 버리는 것이 있을까. 나는 아직 결혼에 대해 논할 정도로 남편과 많은 시간을 함께한 것은 아니지만, 결혼이 삶에서 가장 중요한 전환점이라는 사실만은 안다.

결혼을 하고 나면 가장 먼저 느껴지는 변화가 있다. 사랑을 감정이 아닌 행동으로 설명하는 말이 와닿기 시작하는 것이다. '사랑은 그 사람 때문에 심장이 간질간질하고, 내일이 기대되고, 세상을 가진 듯이 행복해지는 거야.'라는 말에 공감하던 나는 '사랑은 그 사람을 위해 행동하고, 참아내고, 배려하는 거야.'라는 말에 고개를 끄덕이게 되었다.

앞으로의 모든 날에 서로의 이름을 새기고 한평생 가꿔가기로 약속하는 사랑은, 감정이 주도권을 잡던 연애의 사랑과 책임감의 무게가 확연히 달랐다. 결혼은, '실천하는 사랑'이었다.

그 사랑에는 순서가 존재한다. 어릴 적부터 결혼을 주제로 이야기하면 엄마가 늘 하던 말이 있다.
"행복하게 살려면, 그 사람의 모습 그대로 존중하고, 무언가 바라지 않으면 돼."

행복한 결혼 생활을 위한 행동 지침은 많겠지만, 난 이 조언이 가장 마음에 와닿았다. '행동하는 사랑'은 반드시 존중과 인내로 시작해야 한다. 서로 다른 몇십 년의 역사를 가진 사람 두 명이 만났는데 서로에게 이런저런 것들을 바라면서 그 관계를 시작하면, 끝도 없이 불만이 쌓이고 관계의 악화로 흐르게 되는 것이 당연한 순서지 않을까.
바라는 부부의 모습이 있다면 내가 행동으로 보여주

고, 서로의 다름에 대해서는 존중하며 인내하는 것이 바람직하다. 상대가 사랑을 느끼게끔.

그렇게 되면, 상대가 바라서 무언가를 '억지로' 하는 것이 아니라 상대에게 받은 사랑 덕에 '우러나와서' 행동하는 서로의 모습을 경험하게 된다. '변화해야 더 사랑을 주고 싶어지지.'라고 생각하지만, 사람은 먼저 사랑을 넘치게 받아야 변화하게 된다. 그 순서를 이해할 때 우리는 의미 없는 갈등을 내려놓고 편안해질 수 있다.

그래서 인생 선배들이 결혼 생활은 어려운 거라고 입이 마르도록 말하나 보다. 매사에 먼저 행동으로 사랑을 보여주는 것이 쉽지 않으니까. 서로의 세계가 자연히 어우러지는 그 더딘 속도를 인내하며 부부 관계를 꾸려 나가는 것은 누구에게도 간단한 일은 아니다.

그러나 어렵다는 건 그만큼 얻을 수 있는 게 많다는 뜻이다. 누군가가 나에게 결혼을 할지 말지 고민 중이라고 말한다면 이 말만은 해주고 싶다. 홀로 살아가면서 경험할 수 있는 행복보다 훨씬 더 다채롭고 깊은 행복이 있다고. 나의 세계 안에서만 있었을 때는 발견할 수 없었던 세상의 비밀을 알게 된다고.

숫자의 굴레

"갑자기 목장은 왜?" 제주 공항에서 나와 렌터카를 빌린 엄마가 물었다. "그냥 말이 보고 싶어서요." 평소 같지 않은 나의 선택에 다소 의아한 듯했지만, 우린 바로 약 30km 떨어진 곳에 있는 성이시돌 목장으로 향했다.

사실 나도 스스로 작은 의문은 들었다. 제주의 겨울 바람은 꽤 매섭고 추위도 잘 타는데, 왜 이번엔 꼭 목장을 가야겠다는 생각이 계속 들었을까.

이런저런 대화를 하다 보니 그 이유를 깨닫기도 전에 목장 주차장에 도착했다. 차에서 내리자마자 바람이 얼굴을 연신 스쳤다. 모자를 깊이 눌러쓴 나는 가족들과 목장 안쪽으로 걸었다. 아담한 카페와 잔디 정원을 지나 유명한 '테시폰식 주택' 앞에 서니, 눈앞에 드넓은 말 목장이 펼쳐졌다. 나무로 된 울타리 안쪽에는 날이 꽤 쌀쌀했는데도 말이 많이 나와 있었다.

 말을 그렇게 가까이서 본 일이 없어서 그런지 흥미로운 점이 꽤 많았는데, 가장 인상적으로 다가왔던 것은 말의 생동감 넘치는 움직임이었다.
 TV에서처럼 사람을 태우고 한 목적지를 향해 끝없이 달리는 말의 온순하면서도 어딘가 경직된 느낌은 조금도 없이, 목장의 말들은 서로 장난을 치면서 넓은 잔디밭 위를 힘차게 뛰어다녔다. 동네 강아지들에게서나 보였던 개구쟁이 같은 모습과 자유분방함에 왠지 미소가 지어졌다.

 그렇게 말들이 굴레도 없이 원하는 만큼 자유롭게 뛰어다니는 모습을 보고 있자니 문득 이 엉성한 울타리가 저 말들이 아니라 내 주위를 둘러싸고 있는 것이 아닐까 하는 생각이 들었다.

날 가둔 것은 뭐였을까. 오래 생각할 것도 없이 답은 간단했다. 물리적인 것보다 어쩌면 더 굳센 울타리인 '숫자'. 나는 당시 학업 때문에 등수, 등급에 혈안이 되어 있었다. 숫자 앞에서 한없이 작아졌고, 한 번도 갇혀 있지 않았음에도 꽤 자주 갇혀 있는 기분을 느꼈다.

아마도 그 갑갑함이 날 목장으로 이끌었나 보다. 시름없이 달리는 말들을 보자, 무엇 때문에 그토록 전전긍긍하며 하루를 보낸 것인지, 지난 시간이 아까워졌다.

당연한 말이지만, 살면서 그런 숫자에서 자유로울 수는 없다. 나이가 들수록 더 많은 숫자를 신경 쓰며 살게 되는 것도 맞다. 그러나, 열심히 살아온 과정은 무시한 채 결과적인 수치로만 나에게 스스로 굴레를 씌우고 옥죌 필요는 없지 않을까. 생각해 보면 숫자에만 집착하던 시기에는 단 한 번도 행복했거나 만족했던 기억이 없다. 1등만 하는 사람은 다를까? 그렇지 않을 것이다. 1이라는 숫자가 주는 슬픔이 분명 있을 테니까. 수치(數値)란 그런 것이다. 그것에만 집중하기 시작하면 불안하거나 초라해진다.

푸른 들판 위에서 이미 적당한 양의 풀도 뜯고 필요한 만큼의 햇볕을 쬐고 있으면서도, 거친 길 위를 힘차게 달려왔으면서도 나에게 부여되는 숫자로 오늘 하루를 불행히 여기고 있다면, 더 좋은 숫자를 받아도 행복해질 확률은 적을 것이다. 너무 결과에 집착하지 말자.

스스로 억눌러 갇혀 있기엔 달려온 과정이, 눈앞의 아름다운 순간이 너무나 아깝다. 괴로운 짐은 내려두고 고삐도, 굴레도 없는 말처럼 하루를 뛰놀자. 아무 시름 없이.

다양한 빛깔의 삶

E가 우리 동네로 놀러 왔다. 오랜만에 만나서인지 시간이 훌쩍 지나 저녁이 되었는데도 못다 한 이야기가 수두룩했던 우리는 동네의 자그마한 재즈 카페에 들어갔다.

카페 한구석을 가득 채우고 있는 LP와 스피커를 구경하며 흘러나오는 음악을 듣는데, E가 음료를 한 모금 마시더니 말을 꺼냈다.
"나 다음 주에 제주도 가는데, 색다른 도전을 좀 해보려고."

E는 외향성이 99%에 달한다고 봐도 과언이 아닐 정

도로 아주 사교적이고, 새로운 시도를 기쁨으로 즐기는 사람이다. 그래서 E가 새로운 도전을 한다는 것 자체는 놀랍지 않았지만, '제주'에서 할 수 있는 것이 뭘까 생각하며 물었다.

"어떤 도전을 하게?"

"자전거로 제주도 한 바퀴 도는 거."

E의 입에서 아무렇지도 않게 흘러나온 그 말은 갑자기 가속이 붙은 듯 내 가슴에 내리꽂혔다. 남편과 나는 적잖이 놀랐다. 제주시에서 서귀포시로 넘어갈 때도 차로 한 시간은 걸렸던 기억과, 제주도의 면적이 서울 면적의 약 3배라는 것을 들었던 기억이 떠올랐다.

생각해 보면 그렇게나 놀랐던 이유는 그 도전을 입 밖으로 낸 이상 E는 정말로 해낸 뒤 웃으며 돌아올 것이라는 미래가 보였기 때문이었다.

"그거 진짜 대단한 도전이다!" 우리의 응원을 들은 E는 계획 이야기를 이어갔다. 빠른 템포의 재즈 위로 깔리는 E의 기대감 어린 말들과 표정을 보니 왠지 당찬 주인공이 등장하는 영화의 한 장면 같아 미소가 지어졌다.

E는 계획대로 제주도로 떠났다. 그리고 며칠 후, 다치지 않고 즐겁게 다녀오길 응원하고 있던 우리에게 몇 장의 사진이 도착했다. "나 자전거 완주하고 왔어!"라는 상쾌한 인사와 함께.

사진 속 E는 며칠에 걸쳐 약 230km가 넘는 거리를 달리는 중에도 순간의 행복을 충분히 만끽한 듯 아주 즐거워 보였다. 그 사진을 보는 나에게도 가을을 맞이한 제주의 바다 내음과 풀 내음이 흠뻑 쏟아졌다.

나중에 E가 보여줬던 GPS로 기록된 여정은 하나의 선이 제주도의 테두리를 쭉 따라가며 타원형을 그리고 있었으나, 나의 눈에는 그 간결한 선에는 담길 수 없었던 E의 시선과 감정이 엿보이는 듯했다.

소중하고 특별한 기억들은 그 어디에도 없는 찬란한 빛을 띠며 삶을, 그리고 사람을 다채롭게 만든다. 그것이 꼭 대단한 결과를 낸 기억이 아니더라도. E의 옆에 항상 사람이 가득한 이유도, 멋진 결과물 자체보다는 E가 내뿜는 컬러풀하고 활력 넘치는 빛에 그 모습을 지켜보는 사람들이 매료되었기 때문이었다.

  그리고 그런 활력에 가장 단단히 사로잡히고 좋은 영향을 받는 것은 바로 자기 자신이다. 이것이야말로 우리의 가장 젊은 날인 지금, 무엇이든 색다른 도전을 해봐야 하는 이유다.

  삶이 무채색으로 느껴질 때면, 나의 한계를 느낄 수 있는 활동도 해보고, 뜬금없는 자격증도 따보고, 고생을 위한 여행도 가보고, 안 어울린다고 생각했던 운동도 해보자. 경험해 보지 않았으면 평생 몰랐을 과정들을 쌓아 보자.

  실패든 성공이든 그건 중요치 않다. 굳이 결과를 놓고 보자면 삶의 경험에 있어서 하나의 성공을 가진 사람보다 열 개의 실패를 가진 사람의 삶이 더 아름답게 빛나는 것을 나는 많이 보았다. 그저 특별한 경험에서 오는 에너지를 느끼며 즐기다 보면 알게 될 것이다. 어느새 그 모든 과정이 내 안에서 눈부시게 반짝이고 있는 것을.

당신의 하루 안에 존재하는
행복을 발견할 수 있기를

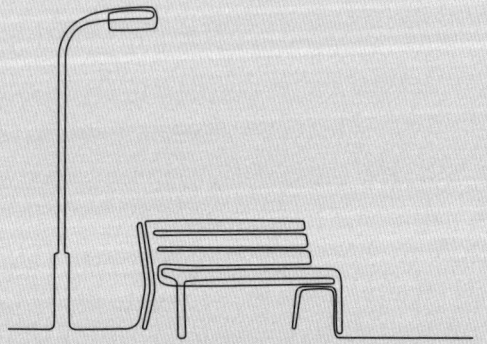

에필로그

 무더운 7월 초가 되면 뚝섬 한강공원에 주홍빛 능소화가 만개한다. 당시 연애 초반이었던 남편과 나는 여름을 닮은 그 꽃을 보려고 공원으로 나갔다. 옷을 최대한 가볍게 입었는데도 내리쬐는 햇볕에 기진맥진했던 우리는 자전거를 빌려 타기로 했다. 자전거 대여점에는 각양각색의 자전거가 쭉 늘어서 있었다.

 "우리 저거 타 볼까?" 남편이 손가락으로 가리킨 곳에는 새빨간 몸체에 핸들도, 안장도, 페달도 두 개인 2인용 자전거가 있었다. 순간 각자 타는 것보다 더 힘들겠다는 생각이 들면서도, 한창 연애 초반이었던 풋풋한 우리는 새롭고 특별한 추억을 쌓겠다는 열망 때문에 용기 있게 그 자전거를 택했다.

원래는 능소화만 보고 올 작정이었는데, 바람을 맞으며 한강을 따라 달리다 보니, 걸어서는 가지 못하는 곳까지 더 멀리 가고 싶어졌다. 우린 뒤에서 누가 떠밀고 있기라도 한 양 계속 달리기 시작했다. 풍경이 많이 달라졌다. 누가 먼저라고 할 것 없이 다리에서 허리까지 얼얼해지는 것을 느낀 우리는 그제야 방향을 바꿨다. 그리고 시작점까지 쉬어 가면서 한참을 달렸다.

체감상 중간쯤에 도달하자 남편이 물었다. "타보니까 어때? 재밌어?" 그 질문에 나는 내내 머릿속에 있던 생각을 대답으로 꺼냈다. "그냥, 뭔가 인생 같네." 뜬금없는 나의 말에 남편은 아주 크게 웃었다. 갑자기 진지했나 싶지만, 그것이 자전거를 타는 동안 내가 느낀 감정에 대한 적확한 표현이었다.

나는 지금까지 인생이라는 2인용 자전거 뒷자리에 앉아 상황에 맞게 열심히 페달을 밟아왔을 뿐이었고, 인생의 핸들링과 방향 설정은 늘 내가 생각한 방식으로 되지 않았었다. 힘들게 밟는 중에는 아무것도 몰랐지만, 핸들링도 방향 설정도 열정이 넘쳤던 시기와 내가 지쳤던 타이밍까지도 다 맞아 떨어져 어떤 곳에 '잘' 도달했다는 것을 나중에 뒤돌아보면서 느낄 뿐이었다. 그것은 이 복잡한 세상 속을 살아가는 누구든 겪어본 일일 테다. 내 인생이지만 나의 뜻대로, 나 홀로 만들어가는 것이 아니다. 날 둘러싼 모든 것이 '함께' 어우러져 만들어졌다.

인생이 그런 것이기 때문에, 행복이란 내가 홀로 힘쓰며 이뤄내서 어느 선에 도달해야만 얻어낼 수 있는 종류의 가치가 아닌 것이다. 방향을 알 수 없는 고난 속에도 존재하는 감사할 만한 순간을 발견해 내는 시선. 이미 옆에 있었던 행복을 발견하는 그 마음의 눈이 필요할 뿐이다. 이것이 내가 행복을 주제로 고민하는 동안 발견한 가장 중요한 사실이다. 페달을 열심히 밟는 동안에도 옆에 흐르는 강물의 아름다움을, 바람을 타고 전해지는 나무 냄새를 만끽하고, 가끔은 쉬어 가면서

작게 자란 풀꽃을 발견하는 사람. 그런 사람이야말로 진정한 행복을 충분히 누리고 있는 것 아닐까.

글도 어쩌면 '함께한다'는 면에선 인생과 마찬가지일 수 있겠다. 필자의 핸들링으로 마지막 마침표까지의 여정을 달리지만, 독자가 마음과 시선을 담아 읽어 내려가야만 비로소 완주할 수 있는 것이니까. 그리고 그 지점에서 뒤돌아보면 마음속에 어떤 생각이 은은하게 피어날 테다. 작은 소망을 갖자면, 나는 이 책을 덮은 후 마음속에서 발견될 그것이 행복이길 바란다. 문장 사이 어떤 틈에서 나만의 강물을, 바람을, 그리고 풀꽃을 발견하는 경험이 있기를.

먼 훗날 말고, 다시는 돌아오지 않을 지금 꼭 행복하자.

오늘의 당신이 행복하길 바라며

박신아

등잔 밑 행복

초판 1쇄 발행 2025년 8월 8일

지은이　　박신아

기획　　　지민석
편집인　　박신아
디자인　　서승연
마케팅　　유이서, 이그린
경영지원　조연주
제작　　　천일문화사

펴낸이　　박신아
펴낸곳　　유음북스
출판등록　제 398-2024-000021호
주소　　　경기 구리시 갈매순환로 166번길 45 구리갈매 아너시티
이메일　　yueumbooks@naver.com

ⓒ 박신아

ISBN　　979-11-989456-3-1

· 책값은 뒤표지에 표시되어 있습니다.
· 파본은 구입하신 서점에서 교환해 드립니다.
· 저작권자와 출판사의 허락 없이 본 책의 내용을 사용할 수 없습니다.